L'Amour avec un grand A et un petit Q

Aphorismes romantico-transgressifs

Éditions Kiwi
5, rue de Charonne, 75011 Paris

Directeur : Édouard Frison-Roche
Directrice éditoriale et éditrice : Katia Kaloun
Création graphique et mise en pages : Charlotte Thomas
Illustration de couverture : Charlotte Thomas
Illustrations intérieures : Pauline Vivien

ISBN : 978-2-37883-150-9

Ivo Da Silva
@coeurnichons

Préface de Tendre Roméo

L'Amour avec un grand A et un petit Q

Aphorismes romantico-transgressifs

(Quand un cornichon rencontre un kiwi)

KiWi

À ce joli couple d'amoureux que j'ai vu s'embrasser
avec passion un soir d'automne pluvieux
sur un quai de gare… Je vous déteste.

Sommaire

8 **Préface de Tendre Roméo**

11 **Préambule**

32 **Présentation du Dr Cornicholove**

34 **Comment se remettre d'une rupture ?**
Leçon n° 1 du Dr Cornicholove
36 L'acceptation
36 La revanche
39 CQFD
48 L'heureux-scope

66 **Comment draguer quelqu'un dans la rue ?**
Leçon n° 2 du Dr Cornicholove
68 L'étalage de culture et de miel
69 Le manège corporel
69 CQFD
78 L'heureux-scope

96 **Comment se faire du bien seul·e ?**
Leçon n° 3 du Dr Cornicholove
97 *The place to* bite
98 Métro, boulot, porno, dodo
100 Photo coquine
101 Des joujoux pour vos bijoux
103 CQFD
111 L'heureux-scope

124 **Comment être attrayant·e sur les applis de rencontres ?**
Leçon n° 4 du Dr Cornicholove
127 Les photos
129 Les descriptions

Sommaire

132 CQFD
142 L'heureux-scope

124 Les amours plurielles
Leçon n° 5 du Dr Cornicholove
160 Le couple libre
165 Le polyamour
176 L'heureux-scope

158 Comment reconnaître un·e pervers·e narcissique ?
Leçon n° 6 du Dr Cornicholove
194 L'as de la séduction
194 Vilain, vilain !
195 La dette
196 Jackpot !
197 Punching-ball
197 CQFD
212 L'heureux-scope

192 Comment faire durer votre couple ?
Leçon n° 7 du Dr Cornicholove
232 Du nerf !
232 Surpriiise !
233 Mon petit rat d'égoût
235 Du piment sur l'oreiller
237 Communique nique nique

257 La touche-touche finale
258 L'enfant qui joue
258 Je vous *vœux* du bien

260 Remerciements

Préface de Tendre Roméo

Avant d'entamer la lecture de cet ouvrage, peut-être faut-il vous mettre en garde au sujet des pages qui vous attendent. En effet, rares sont les personnes qui n'évoluent pas après avoir eu la chance de goûter aux aphorismes de Cœurnichons. Oui, oui, pas la peine de souligner le mot comme si c'était une coquille – *d'ailleurs, mieux vaut en porter une lorsque vous lirez ce recueil, car la plupart des aphorismes vous toucheront sous la ceinture.*

Sur Instagram comme dans la vie, les gens s'inspirent les uns des autres. Sans que l'on prenne forcément le temps de s'en rendre compte, la somme de chaque petit contenu original partagé sur la plateforme fait naître une perpétuelle émulsion graphique, éditoriale et conceptuelle dont nous bénéficions tous·tes. Des comptes fleurissent chaque jour avec de nouvelles aspirations et de belles idées qui apportent, à leur tour, une touche de fraîcheur à nos *feeds*. C'est grâce à cette merveilleuse épidémie créative que j'ai pris plaisir à voir le compte de Cœurnichons sortir du lot, petit à petit. Alors, quand il m'a demandé si je pouvais rédiger quelques lignes pour sa préface, je n'ai pas eu à réfléchir bien longtemps pour accepter cette délicieuse invitation.

Bien que nous soyons nombreux·ses à partager cette envie d'écrire sur les sentiments et sur les relations amoureuses, il a su s'approprier un univers bien à lui. Entre grivoiserie délicate et romantisme grossier, les aphorismes de Cœurnichons nous dévoilent une nouvelle manière d'apprécier la tendresse et tout ce qui l'accompagne. Et, pour notre plus grand plaisir, c'est souvent avec ses gros sabots qu'il nous parle de celles et ceux qui prennent leur pied.

Pas étonnant que les aficionados de ses malicieux écrits soient chaque jour plus nombreux… Pas étonnant non plus qu'ils le soient d'autant plus chaque nuit. Pour l'instant, nous ne le connaissons qu'à travers les publications, les stories et les messages qu'il nous partage. J'ai hâte de lire les pages qui suivent cette préface, de corner celles que je savourerai tout particulièrement et de plonger un peu plus dans l'univers qu'il a décidé de nous esquisser. *L'Amour avec un grand A et un petit Q* est un recueil sans tabou, à l'heure du monde, à lire et à relire à l'abri (ou accompagné) des regards indiscrets.

Quoi qu'il en soit, c'est un plaisir sincère d'écrire ces quelques lignes pour toi, Cœurnichons. Toi aussi, tu vas découvrir l'aventure si singulière d'écrire son propre ouvrage, et je te souhaite un succès au moins aussi beau que celui que tu mérites. Continue de te servir de cette légèreté et de cette tendre trivialité qui te caractérisent si bien pour adoucir les instants de vie des personnes qui te lisent… Ou bien pour les pimenter.

SUR CE,
J'AI RAREMENT ÉTÉ AUSSI EXCITÉ
À L'IDÉE DE TOURNER LA PAGE…

Préambule

Tout célibataire qui se respecte a déjà connu des moments gênants à table où Tonton Marcel essaie de comprendre pourquoi il ne veut de personne ou pourquoi personne ne veut de lui. Je fais partie de ces gens-là. Très souvent, lorsque je ne suis pas en couple, on m'assaille de questions auxquelles je ne veux pas répondre et je tente donc de faire diversion de façon très habile : « *Oh, regardez, une mouche ! Saviez-vous que cet insecte fait caca toutes les quatre minutes ? N'est-ce pas une info qui fait mouche ? Bon, et si on parlait de l'héritage de Papy ? Comment ça, il n'est pas mort ?! Oups. Vas-y, frangin, détends un peu l'atmosphère et raconte-nous la fois où t'as pas mis de slip et que tu t'es pris la quéquette dans la braguette.* »

Vous l'aurez sans doute remarqué à ce stade : je suis doté de la faculté innée de changer de sujet de manière particulièrement subtile, mature et élégante. Mais il est tristement notoire que les gens curieux le sont parfois trop et ne lâchent que très rarement l'affaire… Et Tonton Marcel est du genre coriace. Heureusement, je sais manier la rhétorique et ma légendaire délicatesse m'a toujours aidé à me faire comprendre sans causer trop de dégâts. Enfin… presque.

Tonton Marcel : Toujours célibataire, Cœurnichons ? C'est parce que tu es trop exigeant ou juste pas assez attirant ?! J'imagine comme ça doit te rendre malheureux… Ah non ?! Donc finir ta vie seul, entouré de chats, c'est ça que tu veux ?

Moi : Ce que j'aimerais, Tonton (avec tout le respect que je te dois du fait de ton grand âge que tu n'assumes pas malgré tes paupières tombantes), c'est que tu me laisses faire ce que je veux de mes fesses et que tu touches davantage à celles de ta femme – ma tante – qui passe ses soirées à se bourrer la gueule pour oublier qu'elle a un mari débile et infidèle. Que tu t'intéresses aussi à ton fils – mon cousin – qui n'est pas venu aujourd'hui et ne viendra plus tant que son pervers narcissique le retiendra prisonnier de son emprise. Et que tu te préoccupes enfin de ta vieille mère – grand-maman – à qui tu ne rends jamais visite dans sa maison de retraite bon marché car, cerise sur le gâteau : en plus d'être une sale fouine, tu es également un gros radin.

Tonton Marcel : Mais… que tu es méchant.

Oh non, non, non ! Moi qui ai toujours tout fait depuis ma plus tendre enfance pour dissimuler ce lourd secret, voilà que Tonton Marcel le perce au grand jour au détour d'une conversation, ma foi, particulièrement cordiale. Me voici démasqué. D'accord, je le confesse : si je suis célibataire, c'est simplement parce que je suis trop méchant. Un homme vil qui n'a pas d'empathie. Cynique, manipulateur, menteur et cruel. Un robot, une machine, qui ne s'intéresse à aucun humain et encore moins aux animaux. D'ailleurs, laissez-moi vous confier qu'à chaque fois que je croise un escargot, je me sens envahi par une pulsion meurtrière et saute à pieds joints dessus. Et puis je me marre comme une baleine HA HA HA pendant des heures avec un rire gras, fier d'avoir fait du mal à un pauvre innocent, simplement malchanceux d'avoir croisé ma route. Quelle joie délicieuse, jouissive, lorsque j'entends sa mignonne coquille s'écraser sous mon poids de géant et que j'imagine son petit corps gluant de mollusque broyé sous ma semelle ensanglantée. Hihi, que c'est rigolo ! Oui, c'est vrai : je suis une infâme ordure, un déchet à l'odeur si nauséabonde qu'aucune poubelle, même la plus sale et seule, ne voudrait accueillir. Merci, Tonton Marcel.

Non mais vraiment, quand on est célibataire, on en entend des vertes et des pas mûres. Certains pensent savoir ce qui cloche en nous – comme si nous avions forcément un problème – et d'autres tentent gentiment de nous consoler – comme si nous avions toujours besoin d'être rassuré·e·s. Non, être célibataire n'est pas tous les jours de tout repos quand on est un homme, mais l'est encore moins pour la gent féminine constamment ramenée à sa fameuse horloge biologique. À croire qu'une femme, même aujourd'hui, ne devient réellement femme que lorsqu'elle enfante et revêt ses plus beaux attributs de mère. Tandis que l'homme, ce don Juan né, séducteur aux mains viriles et à la pseudo force herculéenne, peut papillonner de fleur en fleur sans trop de jugement… jusqu'à un certain âge, en tout cas. Je prie donc certains de s'intéresser moins aux potins et davantage à leur popotin s'ils veulent éviter que le petit cornichon que je suis se transforme en Hulk et leur donne la fessée. Les voilà prévenus.

Mais ne soyons pas fatalistes : être *single*, que cela soit désiré ou non, a très souvent des avantages. Si, si, je vous promets. Voici donc la liste non exhaustive des libertés du célibat. À ne pas lire si vous êtes en couple car cela risquerait de vous faire changer d'avis immédiatement et je ne veux pas de problème avec votre moitié, même si tout le monde est au courant qu'il ou elle ne vous mérite pas et que vous seriez bien mieux dans mes bras.

Fouetter du slip

Relax, Max ! Oublie la propreté, le gel douche et tout le tralala qui ne sert qu'à respecter une norme sociale tellement *has-been*. On est en 2021, bordel ! Pas besoin de t'inquiéter non plus de ton haleine qui sent les égouts, car personne ne va venir fourrer dans ta bouche sa grosse limace baveuse (je fais référence ici à une langue… on s'entend).

La glandouille

Pas de loveur ni de loveuse qui t'oblige à aller te promener, à faire la vaisselle ou à regarder un film. Tu as envie de ne rien faire ? Parfait ! Allonge-toi confortablement sur le lit et tente de répondre aux questions existentielles du type : qui de la poule, de l'œuf ou de Michel Drucker est apparu en premier ?

Se goinfrer

Tu aimes les grosses tartes à la crème pâtissière, les bonbons acidulés en cascade, les chocolats double praliné qui vont droit dans les hanches, les chips trop salées à tire-larigot et les kebabs bien trop garnis en viande plus grasse encore que tes cheveux ? Alors fais-toi plaisir, bon sang de bonsoir de bonzaï ! Pas de petit·e ami·e pour te rappeler que la balance tire la tronche quand elle te voit arriver. Bouffe des pâtes quand tu peux pas bouffer des chattes et bouffe des nouilles quand tu peux pas bouffer des couilles. Simple, basique.

Tous à poils !

Certaines personnes (surtout les femmes, ne l'oublions pas) se sentent obligées de se raser les jambes, le pubis, les aisselles, le bas du dos, parfois même les bras et le petit duvet au-dessus de la bouche. Quelle dictature ! Femmes comme hommes célibataires, nous n'avons pas à nous demander si notre amoureux ou amoureuse préfère quand le pubis est doux comme de la soie, ou s'il ou elle chérit les tartes aux poils qui restent bloqués entre les dents lors de préliminaires endiablés. Détends-toi et sois donc la personne que tu es, sans artifice : un gros monstre tout poilu, un Yéti de la ville, de la campagne ou de la montagne, un Chewbacca rebelle qui restaure la liberté au sein de ta galaxie pilaire.

Les copains d'abord

Pas de crise de jalousie, d'assiette qui s'envole, de hurlement la nuit, de dodo dans le canapé, de grimace fâchée, de silence et de malaise… Quel luxe ! Tu es *single* et peux donc voir qui tu veux, quand tu veux. Tu peux même organiser, si tu le souhaites, une ÉNORME pyjama party avec tes ami·e·s, faire des batailles de polochons toute la nuit et te retrouver au sol au petit matin en train de fourrer ou de te faire fourrer par plusieurs potes. C'est ça, la Liberté, la vraie, avec un grand L comme dans « Lubrifiant » : faire ce que tu veux de tes fesses, faire ce que tu veux de ton temps. Et y aura personne pour te le reprocher, nananère (c'est celui qui le dit qui l'est, effet miroir, je te défais la paix).

Et enfin : pas de belle-famille

Qui dit « célibataire », dit « sans amoureux·se » et par conséquent « sans belle-famille »… Et il s'agit là de l'un des plus grands cadeaux de la vie, des plus belles joies de la planète. Pas de belle-mère qui passe la moitié de son temps à préparer des gâteaux trop secs et l'autre moitié à bitcher dans ton dos. Pas de beau-père qui croit tout savoir et qui parle fort à table pour se convaincre lui-même que ses propos ont de la profondeur (alors qu'un môme de huit ans et demi a plus de repartie que lui). Pas non plus de beau-frère acnéique fan de tuning, du rappeur JUL et des calendriers de Clara Morgane, sur lesquels il se paluche matin, midi et soir pour oublier qu'il finira sa vie en compagnie de sa console de jeux, qui aura été la seule à lui avoir un jour dit « Wii ».

Et pas de belle-sœur féministe, inclusive, ultrasensible, végan, bio-bobo-boulgour-quinoa-yoga, amoureuse des animaux et fan de Clara Luciani, des graines de tournesol grillées et des couronnes de fleurs qui lui donnent un air chicos-bohème. Woodstock, hippie, chipie, youpi, bien dans mon corps bien dans ma vie. Hihi, j'ai vomi. Bref : pas de belle-famille moche, quoi.

Vous l'avez compris, à l'heure où j'écris ces mots je suis un cœur à prendre, un cœur à pendre. En d'autres termes : libre comme l'air et chaud comme la braise pour faire mouiller comme de l'eau jusqu'à en faire trembler la Terre. Quel homme raffiné je suis ! Mais sachez que l'amour avec un grand A et un petit Q, qui fait de nos nuits noires d'éclatantes nuits blanches, qui fait suer l'épiderme de l'orteil au front lors d'ébats fougueux, je le connais. J'ai eu la chance de le rencontrer et la malchance de le perdre à plusieurs reprises. Je suis passé, comme beaucoup d'autres dont sans doute vous, par de nombreuses étapes plus ou moins heureuses : célibataire à long terme, plan cul régulier, *sex-friend* avec affinités, en couple traditionnel et même en relation libre. J'ai donc décidé de vous raconter ces différentes étapes du *love* de façon quelque peu désinvolte et j'espère sincèrement que vous trouverez ici de quoi sourire, rire et être ému·e·s. Ce bouquin comportera des aphorismes et textes tantôt romantiques et poétiques, tantôt sexuels, drôles et grossiers. Car c'est bien de cela dont nous sommes tous faits : de feu et de glace, de ciel et de mer, de noir et de blanc. Du romantique au transgressif, de la douceur à la brutalité. Parfois poète et souvent beauf. Un gros bonbon très acide enrobé de miel.

Sachez également que mon compte Instagram Coeurnichons a été imaginé lorsque le monde semblait se fendre autour de moi, que la solitude me guettait d'un regard amusé, m'épiant du coin de l'œil pervers, juste avant que la Covid-19 vienne s'immiscer dans nos vies. Il a été créé par nécessité de sortir la tête de l'eau, de rire, de faire rire, d'être léger dans le ton et lourd dans l'humour, en résumé : de se faire du bien. Et qu'importe ce qu'il se passera – des virus en pagaille aux crises économiques fatales – je reste convaincu que tout ira toujours bien tant qu'il y aura les mots, l'humour, les amoureux·ses, les mots d'amour, les mots d'humour et les amoureux·ses des mots.

Bonne lecture.

Cœur avec les doigts, pipe avec la bouche.

”

Je suis sage comme une image pornographique.

”

Avoir un cœur de pierre et une bite en fer.

”

Je ne parle pas que de cul… je le bouffe, aussi.

"

Avoir la tête dans ta lune pour te faire voir les étoiles.

”

**Pars et
surtout ne te
retourne pas…
je veux mater
ton cul une
dernière fois.**

”

Les jours passent et te ressemblent.

”

Rappelle-moi de t'oublier.

VAS-Y ! C'EST ÇA, PARS, J'AI D'AUTRES CHATTES À FOUETTER !!
?
TU PENSES VRAIMENT QUE J'AI BESOIN DE TOI ??
TU AS RAISON...
BYE.

”

En période de crise, il faut savoir être solidaire et se serrer les couilles.

”

Les crêpes ont de la chance. Elles se font plus souvent sauter que moi.

”

**Loin des yeux,
loin du cœur...
Mais bon,
trop près
des yeux et c'est
la conjonctivite.**

”

Il te suffit de claquer des doigts pour que je vienne te claquer des fesses.

”

Dans chaque couple, il y a des hauts, des bas, des débats et des ébats sans haut ni bas.

”

Je me sens bien dans mon corps et encore mieux dans le tien.

Présentation du Dr Cornicholove

Bonjour à toutes et à tous. Je suis le Docteur Cornicholove, médecin spécialisé en coquinologie et autres délices du corps et de l'esprit. Je serai le fil rouge de ce livre particulièrement bien écrit qui mériterait, selon moi, le prix Nobel de littérature (je pose ça là). Au fil de ces pages toutes plus surprenantes les unes que les autres, vous découvrirez des conseils avisés qui vont incontestablement changer votre vie. Est-ce que j'en fais trop ? Carrément, oui. Mais vous n'avez encore rien vu. Je suis un médecin flamboyant, excessif, colérique, désabusé et, surtout, doté d'une franchise sans limite. Je préfère donc prévenir : vous allez occasionnellement être froissé·e·s par mes mots, touché·e·s en plein ego, mais si je ne vous dis pas que vous êtes misérables, qui d'autre le fera ? Vos ami·e·s, familles ou collègues, peut-être ?! Impossible… ils et elles ont tous·tes peur ! Non pas de vous, vous n'intimidez même pas une guêpe qui agonise dans une tasse de café. Ils et elles sont simplement effrayé·e·s à l'idée de vous blesser car – même si vous ne le méritez pas – vos proches tiennent à vous… Ne me demandez pas pourquoi, je n'ai jamais compris. L'unique chose dont j'ai la certitude c'est que moi, en toute honnêteté, je n'en ai rien à carrer de vous. Je n'hésiterai donc pas à vous bousculer franco de portugais. Et c'est grâce à cette méthode peu délicate que vous pourrez évoluer et devenir à votre tour des pros du *love* à qui personne ne résiste. Soyez-en sûr·e·s : je suis là pour vous et pour votre bien. Mais ça ne marchera que si vous y mettez du vôtre… Allez ! Au boulot, les paresseux·ses !

Comment se remettre d'une rupture ?

Leçon n°1

du Dr Cornicholove

Je t'aime. Je suis bien à tes côtés. Il n'y a que toi. Les autres n'ont pas ta beauté. Je te le promets. Tu es le soleil, je suis la lune. Embrassons ensemble l'éternité de notre amour. Je n'ai pas besoin d'aimer tes défauts car je ne te trouve que des qualités.

Et puis, un beau matin, cette personne se lève et vous annonce OKLM qu'elle part chasser la moule ou l'aubergine sans vous. Qu'il faut tourner la page, que c'était sympa, ouais. Les papouilles baveuses au coin du feu, les baisers bien langoureux, les fast-foods à deux. C'était sympa, mais c'est fini. Et ça ne sert à rien de faire la victime. C'est dur ? Oui, j'avoue. Mais j'ai peut-être la solution.

Lors de mes études en coquinologie au très prestigieux Institut libertin de Montcuq, j'ai croisé le chemin de Pamela Boubou qu'on surnommait – en toute sobriété – « Pamela Bibite » (on n'était pas des lumières). Faut dire que c'était une vraie coquine, la plus belle de toute la ville, qui se faisait un malin plaisir à enchaîner les conquêtes. Tous les hommes en étaient d'ailleurs gagas. La légende dit qu'elle pouvait même faire jouir un homme rien qu'en clignant des yeux. C'est dingue. Et vous savez quoi ? Je vais vous le dire, bande d'ignorant·e·s. Cette rumeur s'est révélée vraie lorsque je suis tombé sur elle dans un parc (par pur hasard) alors que je la suivais depuis plusieurs semaines après avoir installé (par accident) un traceur GPS sur son portable. C'est fou les coïncidences, n'est-ce pas ?

Je me promenais là-bas, en ce beau jour de printemps où mon cœur semblait fleurir dans ma poitrine, prêt à accueillir le parfum délicat de ses pétales sur mon corps. En moi, la flamme, jadis éteinte, s'allumait à l'idée de croiser son regard et pourquoi pas son amour. Je l'ai matée, elle m'a maté. Et là, bim ! Mon sang n'a fait qu'un tour, coup de foutre immédiat dans mon slip. J'étais sous le charme. Elle aussi. Et nous nous sommes aventuré·e·s dans une intense et passionnelle relation amoureuse qui a duré très longtemps (au moins dix secondes, le temps qu'il lui a fallu pour appeler la police).

Bon. Rien à voir avec le sujet mais j'avais besoin d'en parler. Je vous explique tout de suite le parcours à suivre pour vous remettre d'une rupture qu'on surnomme parfois « la petite mort ». Étant un scientifique nu, connu et reconnu, je me dois de vous dire que ce terme est FAUX et que c'est un abus de langage : une rupture n'est JAMAIS une petite mort. Non. C'est bien pire.

L'acceptation

Tout d'abord, il faut décider d'accepter la situation. Ce n'est pas facile, je sais, mais c'est primordial. Ne faites pas les dur·e·s car tout le monde sait que vous êtes faibles. Autorisez-vous à être en colère et tristes, à avoir le nez qui coule, les yeux gonflés comme deux ballons. Ne culpabilisez pas, jamais. De prendre des kilos devant Cyril Hanouna en mangeant du Nutella à la louche. De collectionner vos crottes de nez sous le canapé, de ne plus vous laver pendant des semaines, d'avoir un nid d'oiseaux à la place du pubis. Et de sentir comme Papy Fernand (après sa mort). Vous êtes des merdes : il faut l'accepter. Un petit pas pour l'humain, un grand pas pour votre humilité.

La revanche

Maintenant que cinq ou six années sont passées et que vous en avez enfin marre de regarder *Touche pas à mon poste* (ouf), il est grand temps de reprendre votre vie en main. O.K., cinq ans, ça peut paraître long mais c'est bien le minimum. N'oubliez pas qu'il ou elle vous a quitté·e pour quelqu'un de beaucoup mieux que vous. Et qu'il ou elle est désormais marié·e, a des enfants et ne repense jamais à votre relation (même pas aux toilettes). C'est dur ? Ouais, je sais, mais j'ai peut-être la solution. Je radote, *hihi*. C'est enfin le moment de vous expliquer comment prendre votre terrible revanche ! *Niark, niark, niark*, votre vengeance maléfique ! *Niark, niark, niark*, ça peut durer longtemps, *niark, niark, niark, niark, niark*, c'est bientôt fini promis, *niark, niaaaark, niaaaaaaaaaark*, voilà. Et pour ce faire, deux possibilités s'offrent à vous : la technique du papillon et la stratégie du rhino.

La technique du papillon

C'est la manière la plus ardue des deux mais également la plus valorisante. Elle consiste à transformer la larve que vous êtes depuis la rupture en un joli papillon aux ailes dorées, prêt à butiner n'importe quelle fleur. Vous pourrez ensuite rendre jaloux·se le monstre qui vous a quitté·e. Mais cela ne peut se faire que si vous êtes courageux·se car passer de dépressif·ve à resplendissant·e n'est pas donné à tous·tes. Il faut donc se (re)mettre au sport tous les jours (matin, midi et soir) afin d'éliminer vos quelques 450 kilos en trop. Ne plus manger que des légumes verts cuisinés sans graisse. Boire uniquement de l'eau (attention : l'alcool, c'est pas de l'eau). Et surtout : suivre à la lettre les conseils de Cristina Cordula pour vous habiller magnifaïque, mes chéri·e·s. O.K., je vous le concède : cette technique est suuuper chiante. Alors à moins que ça vous fasse plaisir de vous faire du mal (cette phrase est limite excitante), il ne vous reste plus que le plan B – à défaut du plan Q.

La stratégie du rhino

Cette stratégie n'est efficace qu'à condition de la prendre au sérieux. Les jaloux·ses diront qu'elle est excessive…

N'écoutez jamais ces petits mange-merde. Le rhinocéros est un animal sauvage, féroce et qui ne se pose pas de questions. Il n'a, certes, pas la volupté du papillon mais lui, au moins, il porte ses couilles. Il n'a rien à envier à cet insecte prétentieux qui pète plus haut que son cul, qui ressemble à un influenceur parisien, bobo, amateur de yoga, raisins secs et quinoa. Bref : vous, vous êtes fort·e·s comme un rhino. Dans votre petit corps (de lâche) se cache un grand pouvoir. Il est temps de le dévoiler !

Recommencez à ne plus vous laver du tout. Dites adieu aux savons, shampoings et autres dentifrices : c'est votre hygiène douteuse qui va vous permettre de vous venger. Trouvez ensuite la nouvelle adresse de votre ex en stalkant ses réseaux sociaux et allez à son domicile. On y est. Ding dong. L'heure de la revanche a sonné. *Niark, niark, niark,* bon j'arrête.

Ne dites pas bonjour quand il ou elle ouvrira la porte (pas le temps pour les politesses), contentez-vous simplement de baisser la tête et de vous mettre en position du bélier... 1, 2, 3... Foncez ! Lâchez-vous ! Faites-lui bouffer vos aisselles de chauve-souris et votre nid de pubis plein d'oiseaux migrateurs. Obligez votre ex à explorer votre caverne à caries. Bref : multipliez les odeurs et attaquez sur TOUS LES FRONTS. Le but est de lui faire comprendre que vous êtes pitoyable (j'avoue) mais que vous, au moins, vous avez de la mémoire. 10 points bonus si vous chopez le con ou la conne qui partage désormais sa vie. 100 points si vous chopez leurs enfants. Et 1000 points si leurs mômes sont moches (ceci est de l'humour, je ne veux pas de problèmes avec les associations de gens moches dont votre famille ferait partie).

CQFD

Si ces techniques ne fonctionnent pas, il vous reste toujours la plus efficace des stratégies pour se remettre d'une rupture rapidement : prendre un bon bain bien chaud et y laisser tomber un grille-pain en marche. *Lolilol*, qu'est-ce qu'on rigole ! À mon sens, on ne guérit jamais totalement d'une petite mort comme la rupture, il reste toujours une vive blessure qui ne cicatrisera jamais vraiment. Mais on grandit. On apprend. De nos erreurs, de celles de l'autre. De ce qu'on n'aurait pas dû accepter et de ce qu'on n'acceptera plus jamais. Permettez-moi donc de conclure ce conseil en vous confiant une partie très intime de ma personne (non, je ne parle pas de mon zizi poilu). Je fais référence ici à mon cœur d'artichaut... mon gros cœur d'artiste chaud brisé.

Car des ruptures, j'en ai vécu. Quelques-unes, comme tout le monde, et j'en suis heureusement revenu. J'ai pourtant cru que l'une d'elles allait me flinguer ; à l'instant même où l'on m'a quitté, j'ai senti que le sol se fendait sous mes pieds. Les murs de ma chambre semblaient presque autant trembler que mes mains. Mes joues, à l'aube de ne plus être caressées, devenaient rivières. Mon nez rouge, jadis clownesque, laissait désormais place à un nez rougi de fatigue, lassé de se moucher, parfois même de respirer. Je n'écrivais plus, je ne créais plus, je ne chantais plus, ne jouais plus, n'étais plus. Je vivais physiologiquement parlant, mais je n'existais plus depuis ce jour où j'avais perdu ma moitié. Pas seulement la personne, non, ce serait trop simple : la moitié de moi-même (eh ouais, il n'est pas toujours rigolo, le docteur). Je ne marchais plus de la même manière. Je ne souriais plus, ne m'émerveillais plus. Ou plus assez, moi qui avais jusqu'alors toujours été fantaisiste et rêveur. Bref : j'étais devenu une grosse larve sans objectif, sans espoir, sans envie.

Mes proches tentaient de me rassurer en me faisant comprendre que la vie était longue et qu'il fallait simplement relativiser. Simplement ? Comment relativiser quand notre cœur en miettes s'étale sur une planche à peine ? Cela m'était impossible ; je ne pouvais plus voir le verre à moitié vide ou à moitié plein… car le verre, je le buvais. Quelques verres par jour, une bouteille par soir, parfois directement au goulot. Du vin blanc en perfusion dans les veines. À deux doigts de me laisser sombrer dans la détresse pour l'éternité. Mes yeux et mon esprit, totalement embrumés, ne discernaient plus rien puisque l'amour et ses fantômes m'avaient rendu aveugle. Puisque le chagrin m'avait adopté. Puisque je n'étais plus qu'un pantin désarticulé, tanguant de gauche à droite, d'une rue à l'autre à la recherche de ma dignité. Puisque j'étais devenu le jouet de la tristesse.

Et vous savez quoi ? Décidément, faut tout vous dire ! La seule chose qui m'a sauvé fut le temps. Le temps passé avec celles et ceux qui me sont cher·ère·s. Le temps qui s'égrène, lentement. Trop lentement, c'est vrai, lorsque notre corps ressemble à un immense champ de bataille, à une guerre de tranchées gagnée par l'ennemi. Mais bien que capricieux et élastique, tantôt lent comme une tortue, tantôt rapide comme un lièvre et sachant parfois se jouer de nous, le temps reste sans nul doute le meilleur des pansements. La patience est une vertu.

Les longues soirées à écouter de la musique ont par ailleurs été salvatrices. Regarder les films dans lesquels joue Anna Karina, lire des bouquins, aussi (tous moins bons que celui que vous tenez dans vos mains, *of course*). L'art et la culture sont des remèdes. Je répète : l'art et la culture sont des remèdes. Et je me battrai toujours contre celles et ceux qui n'y verraient que du superflu.

Et pour tout vous dire : après avoir touché le fond (et je ne parle pas de sexe, petits coquinous lapinous cochonous), on ne peut que remonter. Je me surprends même parfois à ressentir à nouveau de l'espoir quant à mon avenir amoureux. Car je le sais désormais : nous sommes beaucoup plus résistant·e·s que nous le pensons. N'oublions jamais qu'en nous TOUS·TES se cache une puissance infinie mais particulièrement discrète qui nous sauvera TOUJOURS de tout… sauf peut-être de l'invasion des influenceur·se·s bobos sur Instagram. Mais pour ça : démerdez-vous.

De tendres baisers sur vos tétons,

Le Dr Cornicholove

»

En chacun de nous se cache un être sensible qui ne demande qu'à être biflé.

”

**Plus j'y pense
et moins
je t'oublie.**

”

**Être amoureux,
c'est avoir
des papillons
dans le ventre
et une bite
dans le cul.**

”

**Oh oui, vas-y,
fais-moi la cour
très fort.**

”

On aime souvent trop : soit trop peu, soit trop mal, soit trop tôt, soit trop tard, soit juste trop.

”

Je me donne du mâle pour te faire du bien.

CAPRICORNE

Amour : La chance est de ton côté ! Tu vas te faire kidnapper et tomberas *in love* du bourreau qui te persécutera dans sa cave pendant 23 ans. Quelle veine !

Humeur : Arrête de sourire, tes dents rient jaune.

Travail : Ton ou ta boss va t'offrir une très très très belle promotion : -10 % pour t'acheter une nouvelle chemise chez Kiabi.

Argent : Tu vas devenir riche mais feras don de tout ton fric à un·e sans-abri qui rachètera ensuite la boîte dans laquelle tu bosses et qui te licenciera. Mais ce n'est pas tout. Tu deviendras à ton tour SDF et personne ne te fera don de rien. Même pas d'un sandwich triangle. Dommaaage.

À améliorer : Accepte d'être bizarre et vois le verre à moitié plein : si tu n'existais pas, de qui pourrions-nous nous moquer ? Tu provoques la joie autour de toi.

Les capricornes célèbres : Kate Moss et Roselyne Bachelot. Deux salles, deux ambiances.

Du 21 janvier au 19 février

VERSEAU

Amour : Apprends à t'aimer toi-même car personne d'autre ne le fera.

Humeur : Tu es furieux·se depuis que ton miroir est en arrêt maladie pour burn-out.

Travail : Tu vas surprendre tes deux collègues préféré·e·s en train de parler de toi en mal. Agacé·e, tu tenteras de leur dire leurs quatre vérités mais te rendras compte que tu n'as aucune repartie.

Argent : Tu vas escroquer des petites vieilles et voler leur argent. Tu te rassureras en te disant que l'argent n'a pas d'odeur. Toi, oui, en revanche, celle de la défaite.

À améliorer : On le sait : le problème avec les moches, c'est qu'en plus, parfois, ils et elles osent être méchant·e·s. Sois donc gentil·le, stp.

Les verseaux célèbres : Shakira, Alicia Keys, Jennifer Aniston et toi. Trouve l'intrus·e.

”

**Je suis
à deux doigts
de te les mettre.**

”

Je t'aime un peu plus chaque nuit.

”

Mon bonheur ne tient qu'à un coup de fil : le tien.

”

**Mystère
et ton boule
je dégomme.**

**Je vais mettre
les points
sur les « i »
et ma bite
dans ton « q ».**

”

**Prends-moi
par les sentiments
et je te prendrai
par les
centimètres.**

”

**Je pense à toi.
Je repense à toi.
Je rerepense
à toi…
et puis
je recommence.**

”

**Je bois
pour oublier
que j'ai tenté
de t'oublier.**

PAS BESOIN D'ELLE.
À MOIiiii LE CÉLIBAT !!

TOC
TOC
TOC
ENTRE !!
MÊME AVEC DES GANTS JE TE TOUCHE PAS MEC !!!

"

Quand on a peur du cœur, on se contente des couilles.

”

**Tout
me rappelle toi
depuis que
tu ne m'appelles
plus.**

”

Un seul être vous manque et le trou s'est rebouché.

”

C'est pas l'amour qui rend aveugle. C'est l'éjaculation faciale.

”

À la recherche du temps perdu avec mes ex.

”

J'aimerais trouver la perle rare dans une moule.

Comment draguer quelqu'un dans la rue ?

Leçon n° 2

du Dr Cornicholove

Vous avez toujours rêvé de draguer un·e inconnu·e croisé·e dans la rue ou dans un bar mais n'avez jamais osé ? Vous êtes passé·e à côté de potentielles jolies rencontres qui auraient débouché sur de longues nuits fiévreuses ? Alors laissez-moi vous aider à ne plus reproduire cette erreur. Suivez scrupuleusement ces quelques astuces et vous deviendrez incontestablement le roi ou la reine des loveur·se·s. Je sais, je suis sympa.

Commencez par approcher discrètement la cible tout en ayant l'air naturel·le. Pas la peine de se trémousser comme Nicki Minaj (vous n'avez pas ses atouts, qu'on se le dise) ni de se la jouer bad boy wesh ma gueule comme JoeyStarr (vous avez encore vos vraies dents, vous). Seule la première impression compte donc n'en faites pas des caisses : soyez juste vous-même. Mais attention : si vous n'êtes pas terrible, essayez alors d'être quelqu'un d'autre… Quelqu'un de mieux, de bien mieux. Au hasard : moi.

Lancez-lui un simple *bonjour* ou un dynamique *salut*. Evitez le *kikou lol* car vous n'avez plus dix ans (tout du moins j'espère, sinon ferme tout de suite ce bouquin et va te brosser les dents). Vous pouvez, bien sûr, ajouter un *ça va ?* si votre réelle intention n'est pas de fourrer ou d'être fourré·e. Si vous êtes en chien, allez directement à l'essentiel, on n'a plus de temps à perdre entre deux confinements, trois couvre-feux et quarante-huit tests PCR. Il ne faut néanmoins pas confondre *vitesse* et *précipitation*. Ne sortez donc pas trop tôt votre queue, vos boobs ou tout autre chose qui se lèche. Attendez *a minima* cinq minutes afin de créer chez l'autre du désir. Et, par pitié, gardez vos attributs pour vous (et pour toujours) si vous êtes trop laid·e. Rappelez-vous que la cible ne vous a rien fait.

Demandez-lui ce qu'elle fait là. Si la cible vous crache dessus, laissez tomber : c'est qu'elle n'est pas intéressée, ou alors que c'est un lama… Et là, je ne peux plus rien pour vous. Si elle répond qu'elle s'ennuie, alors divertissez-la en faisant un grand écart et en vous léchant le nombril. Oui, je sais, cela peut paraître excessif et absurde, de prime abord, mais croyez-en votre Doc préféré : ça a son petit charme, quand c'est bien fait. En revanche, si votre cible ne répond rien du tout, c'est juste qu'elle s'en fout… Dommage. Ou alors qu'elle est morte… Et là, les autorités vous accuseront de l'avoir tuée. Courez, vite !

Soyons fous et imaginons un instant que la situation tourne en votre faveur : la cible est réceptive à vos avances. Ouais, c'est presque improbable *mdr* mais sait-on jamais. Il est donc grand temps de lui montrer à quel point vous êtes un bon parti. Et cela se fait en deux étapes.

L'étalage de culture et de miel

Rien de plus efficace que d'étaler sa culture. C'est grâce à cela qu'on parvient à atteindre tout objectif (même celui de se faire essorer le linge mouillé ou mordiller l'abricot). Pour surprendre votre cible, hurlez donc *Ouagadougouuu* ! La cible, sans doute idiote – puisqu'elle a accepté de vous parler – va vous demander ce que cela signifie. Répondez qu'il s'agit de la capitale du Burkina Faso. C'est vrai. Affirmez également que vous connaissez toutes les capitales du monde sur le bout des doigts. C'est faux. On s'en branle, ayez juste l'air convaincant·e.

À cette démonstration imparable de culture, il faut ajouter l'essentiel : du *love*. Ouais, du romantisme. De la guimauve, du sucre, du miel. Précisez donc : *C'est vrai que j'ai beaucoup voyagé mais, tu sais, le seul pays dans lequel je rêve d'aller, c'est ton cœur*. O.K., c'est violent.

Ça pique les yeux, d'accord, ça donne envie de vomir, *of course*, mais ça peut vous permettre de visiter son désert ou de lui faire visiter le vôtre. Il faut savoir renier ses principes quand on a la dalle du chacal qui rêve d'anal.

Le manège corporel

Bravo ! Vous êtes arrivé·e jusqu'ici sans que votre cible n'ait appelé la police. C'est déjà un exploit, mais le plus difficile reste à faire : la séduire grâce à ce que vous avez de moins bien. Oui, oui, je parle bien sûr de votre corps (*oulala*, qu'il est méchant).

Cette méthode consiste donc à faire surgir la bête qui sommeille en vous. À vous rendre animal·e, imprévisible, félin·e, coquin·e, lapin·e, coton-tige, ornithorynque, Roselyne Bachelot, Kamoulox. Vous l'avez peut-être compris, on y est : il est temps de sortir vos attributs. Discrètement, pour que la cible ne s'en rende pas compte trop vite. Une fois cette délicate action réalisée, regardez-la droit dans les yeux et demandez-lui si elle aime la danse. N'attendez pas sa réponse (il se pourrait qu'elle réponde par la négative) et mettez-vous à faire l'hélicoptère avec votre zizi ou vos nichons (pas évident, *I know*). Tournez ensuite sur vous-même 32 fois (pas 31, pas 33, soyez précis, bon sang). Sucez votre pouce pendant 14 secondes. Faites la poule durant 5 minutes. Et voilà ! Le tour est joué ! Ce petit manège corporel a sûrement convaincu la cible de votre sex-appeal irrésistible… ou va prochainement vous faire passer par la case prison. Une chance sur deux.

CQFD

Ce serait vraiment étonnant que vous ne parveniez pas à pécho grâce à ces précieux conseils issus d'une étude très sérieuse intitulée *La drague pour les gros·ses nul·le·s que vous êtes*. J'aurais fait de mon mieux mais, désolé, je ne fais pas encore de miracles.

Le code de déontologie auquel je suis soumis m'oblige à vous notifier que cela ne sert à rien de montrer son sexe à quelqu'un sans consentement (à part à vous attirer de gros soucis). L'une des seules choses qui permette de plaire malgré nos « défauts » esthétiques ou caractériels (et vous en avez beaucoup) est sans nul doute l'humour. Et j'en joue, moi qui ne suis ni mannequin, ni riche, ni spécialement intelligent (ce n'est pas vrai mais la modestie, même fausse, est une qualité).

J'essaie donc d'être drôle. Parfois, ça marche et parfois, non, tout dépend en réalité de la personne qui se trouve face à moi. Si votre cible n'est pas réceptive à votre humour, ça ne veut pas dire que vous n'en avez pas, ça veut simplement dire qu'elle n'est pas faite pour vous. Répétez-le : *Ma cible n'est pas faite pour moi*. Mettez-y plus de conviction, parbleu ! *MA CIBLE N'EST PAS FAITE POUR MOI !* Voilà, merci. Mais un beau jour, croyez-en mon expertise de serial-niqueur de talent : vous en trouverez une qui le sera.

Et promis, ce sera beau, intense et surprenant… Un peu comme une éjaculation précoce sur des yeux pas fermés qui ne s'y attendaient pas. Oui, ça fait rêver.

De tendres baisers sur vos tétons,

Le Dr Cornicholove

”

Je n'ai plus d'inspiration depuis que tu m'as coupé le souffle.

”

On me dit souvent que je vais trop loin… C'est vrai. Ça s'appelle une gorge profonde.

”

Certains ont un pénis à la place du cerveau. Ça ne doit pas être facile à sucer.

"

La fessée
is the new
« je t'aime ».

”

Le cunnilingus est le nuage de l'amour : on en ressort trempé.

”

Je te mange cul sec.

”

**En avril,
découvre-moi
d'un fil. En mai,
fais de moi
ce qu'il te plaît.**

Du 20 février au 20 mars

POISSONS

Amour : Jour de chance ! Leonardo DiCaprio va tomber éperdument amoureux de ta cousine mais tu ne seras pas invité·e au mariage.

Humeur : Paul de Kock disait : « La bonne humeur est un bon compagnon de voyage. » Cool, ça t'en fera au moins un.

Travail : Tu vas perdre ton emploi dans quelques jours puis tu feras une grande traversée du désert en chameau à la recherche d'une oasis que tu ne trouveras jamais. Tes derniers mots seront : « J'ai soif », mais tu n'auras plus assez de salive pour les prononcer.

Argent : Ta meilleure amie t'offrira un ticket à gratter pour ton anniversaire. Jackpot : 250 000 € ! Malheureusement, elle reprendra son ticket et emménagera à Dubaï avec ton père. Tu perds peut-être une copine mais tu gagnes une belle-mère.

À améliorer : Apprends à contrôler tes pulsions sexuelles : l'aspirateur ne t'a rien fait.

Les poissons célèbres : Eva Longoria, Pierre Niney, Leila Bekhti, Rihanna et ma mère.

BÉLIER

Amour : Tu vas prochainement rencontrer l'amour de ta vue. C'est comme l'amour de ta vie mais ça ne durera que le temps d'un regard… *Sorry, not sorry*.

Humeur : Félicitations, ta légendaire mauvaise humeur est sur le point de rentrer au Panthéon.

Travail : C'est ton jour de chance, ton ou ta patron·ne va devenir aveugle et te proposer (enfin, il était temps) une promotion canapé. Attention au mauvais œil si tu refuses.

Argent : Le bonheur, ce n'est pas d'avoir de l'argent, c'est de le dépenser en offrant des cadeaux à ses ami·e·s. Malheureusement, tu n'as ni l'un ni l'autre.

À améliorer : Aie le courage d'assumer que tu as d'ores et déjà raté ta vie. C'est triste, mais tout n'est pas perdu : tes clés, par exemple, sont toujours à leur place. Bravo.

Les béliers célèbres : Laurent Baffie et Frank Ribéry. Deux génies qui frappent fort dans leur domaine respectif : l'un dans l'humour et l'autre dans Zahia.

Pourquoi dit-on toujours « demi-molle » et jamais « demi-dure » ?

”

Pour le meilleur et pour en jouir.

”

Ma
***to-do list* :**
– t'enlacer
– te sauter
– recommencer.

”

**Pas facile
de sucer
quand on a
le nez bouché.**

”

Comme chaque année, le 14 février, moi je fête la Seum-Valentin.

”

**On ne parle pas
la bouche pleine…
… sauf si
c'est pour dire
« Oh oui, encore ».**

”

Vous aussi vous avez des amis égoïstes qui font l'amour sans vous ?

”

**Je me mets
sur mon
trente-et-un
pour te prendre
en soixante-neuf.**

OH !
L'AMOUR AVEC UN GRAND A ET UN PETIT Q
SPEED DATING !!!
LOVE
3 MINUTES POUR Séduire
Pour tous les cœurs tendres...

JE SUIS PRÊT À SOULEVER DES MEUFS...
ET DES MECS !

”

**La bisexualité,
c'est vouloir
le beurre,
l'argent
du beurre,
le cul de la
crémière
et parfois
la teub
de son mari.**

”

Vivons avec intensité : on aura toute la mort pour être crevés.

”

À chaque jour suffit sa pine.

”

Évitez d'envoyer des *nudes* à des inconnus mais n'oubliez jamais que vous et moi on se connaît.

”

Dur dur d'être vegan quand on est entouré de gros porcs.

”

Pour vivre heureux, vivons cachés l'un dans l'autre.

Comment se faire du bien seul·e ?

Leçon n°3

du Dr Cornicholove

Coucou, les gros boudins ! Votre docteur préféré (et très aimable) a un nouveau conseil qui va encore une fois changer votre pitoyable vie. Et cette fois-ci, je me suis intéressé à la question du plaisir en solitaire.

Que vous soyez célibataire ou en couple, il ne faudrait jamais oublier une chose très importante : votre corps n'appartient qu'à vous. Il n'y a que vous qui êtes le maître ou la maîtresse à bord, qui savez quelle direction lui faire prendre et quels chemins sinueux éviter. Nous sommes pourtant nombreux·ses à régulièrement oublier que notre enveloppe corporelle regorge de sensations insoupçonnées. Notre corps est une réelle mine d'or, un puits sans fond de zones érogènes : les tétons, les mains, les oreilles, le cou et la nuque, le pubis, les testicules, le périnée, les lèvres, le cuir chevelu, les pieds et les mains, les fesses, les « plis », la prostate et parfois même le dos (c'est mon cas, alors viens donc me gratter avec tes ongles, et que ça saute).

Voici quatre astuces qui vous permettront de faciliter votre corps-à-corps avec vous-même, qui vous mettront en situation favorable pour faire de votre enveloppe corporelle un timbre qu'on aurait tous envie de lécher (ça ne veut rien dire mais je fais ce que je veux).

The place to bite

Se faire du bien, c'est bien, oui… à condition que ce soit bien fait. Et la toute première chose à laquelle il faut penser pour se palucher l'asticot ou se chatouiller l'abricot de façon optimale est de trouver le moment opportun et l'endroit idéal. Cela ne sert à rien de vous caresser quand vous disposez de peu de temps et que vos ami·e·s sont sur le point de frapper à votre porte pour l'apéro. À moins, bien sûr, que vous souhaitiez les faire participer à vos cochonneries et là, D'ACCORD, je saute dans le premier train pour prendre votre arrière-train. Retenez donc qu'il faut du temps mais également un lieu propice à la détente. Seriez-vous réellement excité·e à l'idée de vous toucher la nouille dans les toilettes du bureau en entendant Paulo de la compta en train de démouler un cake, déposer une pêche, couler un bronze, parachuter un gothique, lâcher son fardeau, recycler le dîner, changer le poisson d'eau, laisser les enfants à la piscine, déposer le bilan, pousser le tas de charbon et avoir la tarte au bout du four ? Prout, alors ! Cela ne me donne guère envie.

Il faut donc que vous prépariez le terrain en trouvant un endroit calme où vous pourrez (re)découvrir vos sens et vous laisser aller au plaisir de l'onanisme (si vous ne connaissez pas la définition de ce mot : ouvrez un dictionnaire, vite). Votre chambre, bien sûr, un classique. Le canapé peut également être une bonne idée (mais pas celui de vos parents, imaginez un instant que vous y laissiez des traces et deviez ensuite accuser votre chien ou votre papy, c'est pas cool). Sous la douche ou dans le bain, lieux terriblement exaltants, qui vous permettront d'arroser votre sexe, vos tétons et votre pépète d'eau chaude et d'y glisser, si vous le souhaitez, vos doigts humides. Passons immédiatement au deuxième point parce que je suis à deux doigts d'avoir le cornichon qui s'agite dans le bocal.

Métro, boulot, porno, dodo

Le porno a une très mauvaise image auprès de certaines personnes qui l'associent occasionnellement au sexisme, à la violence et aux perversions en tout genre. Qu'importe ce qu'elles peuvent bien penser de ce qui nous fait du bien ou non (dans la limite de la légalité).

Leur avis, je m'en fiche, je m'en fous, je m'en carre, *je m'en tape, tape, tape, c'est ma façon d'aimer. Ce rythme qui m'entraîne jusqu'au bout de la nuit réveille en moi le tourbillon d'un vent de foliiiiiiiiiiiiiiiiiiiie.* Pardon, je m'égare. Si vous aimez vous caresser en regardant des images pornographiques : grand bien vous fesses. Et laissez les pisse-froids ainsi que les moralistes de pacotille vivre dans leur coin leur quotidien de solitude chiant à en mourir.

Nombreux·ses sont celles et ceux qui ont tendance à oublier qu'il n'y a pas que les vidéos pornos qui peuvent émoustiller le regard et faire mouiller la culotte. Non, non, non. Il existe, en effet, quelques alternatives pour le moins alléchantes que j'ai moi-même testées. Et croyez-en votre docteur favori : tous mes sens ont bel et bien été attisés. Les films érotiques, par exemple, où tout est suggéré ou presque. Quel bonheur de s'imaginer à quoi ressemble le sexe qu'est en train de toucher cet homme ou cette femme dans ce salon à la lumière tamisée, sur ce fauteuil de (faux) cuir rouge ou sur cette (fausse) peau d'ours au pied d'un feu de cheminée réchauffant et réconfortant. Les livres érotiques peuvent être aussi une réelle source de plaisir. Rien de tel que de pouvoir se relaxer l'esprit et s'exciter le corps page après page. D'ailleurs, si *L'Amour avec un grand A et un petit Q* ne vous donne pas envie de (vous) faire des câlins alors, malheureusement, vous êtes une cause perdue. Quoique.

La dernière option, et pas des moindres, est l'une de mes préférées. C'est une nouvelle tendance qui plaît à de plus en plus de lapinous de votre espèce selon les résultats d'une enquéquette très sérieuse : le podcast érotique ! Quelle joie que de s'étendre dans son lit et d'entendre les voix d'inconnu·e·s tantôt rauques et tantôt fluettes nous faire part d'obscénités particulièrement galvanisantes. D'écouter leur souffle chaud et haletant nous murmurer, nous susurrer, nous chuchoter des histoires sensuelles et sexuelles qui donnent envie de se faire croquer la salade. Laissez-vous donc convaincre par ces podcasts, vous n'en serez pas déçu·e·s : c'est du miel pour les oreilles (et je ne parle pas de votre cérumen).

Photo coquine

Quoi de plus commun que de recevoir ou d'envoyer des *nudes* à l'heure du tout numérique ? L'échange de photos suggestives ou totalement sexuelles est une pratique courante chez de nombreux·ses internautes. Ça a le mérite de pimenter nos rapports virtuels, de donner à nos plaisirs en solo une saveur particulière, délicieusement épicée. Comme c'est excitant de se caresser en attendant impatiemment que celui ou celle qui nous plaît nous envoie une, deux, trois, vingt, mille photos de son corps en ébullition. Couché·a sur le lit, à quatre pattes comme Snoopy, debout ou assis·e… qu'importe la position tant qu'on a l'excitation.

Mais il arrive que cette pratique survienne à des moments inopportuns, que l'on reçoive un gros plan de parties intimes sans l'avoir demandé. Je tiens à insister ici sur la condition *sine qua non* afin que l'échange de *nudes* reste un plaisir pour tout le monde : le consentement. En majuscules, même : le CONSENTEMENT. Rien de plus important que de demander à l'autre s'il ou elle est partant·e ou non pour recevoir de telles images. Il y a un nombre inquiétant de personnes – à mon sens mal intentionnées (ou juste mal informées) – qui en envoient à tout-va sur les réseaux sans avoir obtenu la permission en amont. Cela n'est d'abord pas poli, et c'est même considéré comme de l'exhibition sexuelle passible d'une amende et d'emprisonnement. Personne ne veut finir sous les barreaux pour avoir partagé son anatomie peu flatteuse, si ? N'oublions pas qu'il est tout aussi défendu de faire profiter ses ami·e·s des *nudes* reçus sans le consentement de la personne qui les a envoyés, ou de les partager sur des sites pornos. Cela s'appelle du *revenge porn* (ou pornodivulgation, en français) et franchement c'est pas joli, joli. Voilà, j'ai cassé l'ambiance et je m'en fous *la la la la* !

Des joujoux pour vos bijoux

Oubliez le Monopoly, le Cluedo, le Scrabble et tous les autres jeux longs et ennuyeux à souhait qui se jouent en famille ou entre amis. Gardez-les pour vos soirées monotones d'hiver à Maubeuge, dans votre maison mitoyenne achetée en viager, avec votre vieux labrador obèse et incontinent, vos bambins au strabisme convergent et votre conjoint·e qui collectionne les vaches en porcelaine et les cochons en argent. *Je vous l'avais bien dit que le célibat, c'était* the only way *pour être* happy *dans ce* fucking *monde de* people *qui veulent s'engager à tout-va.*

Je vais donc arrêter de tourner autour du pot de fleurs et aller droit au butin : ce qu'on veut, nous, ce sont des joujoux pour nos bijoux. Rien de plus, rien de mieux. D'ailleurs, j'ai une petite question qui me turlute l'esprit : saviez-vous que « joujou » et « bijou » font partie des rares mots qui, au pluriel, se terminent en X ? Bien sûr, que vous le saviez ! Le monde entier est au courant de vos connaissances très pointues dans le milieu du X… Petits chenapans !

Il existe une pléthore de sextoys et accessoires qui pourraient bien devenir de vrais compagnons de route à condition de les choisir avec soin. Grands ou petits, fantaisistes ou sobres, vibrants ou non. En plastique, en silicone, en verre, en métal ou en bois. Il y en a pour tous les goûts, tous les prix et tous les sexes… alors, pourquoi s'en priver ? Les godemichés qu'on peut mettre au réfrigérateur pour un effet frisson ou dans de l'eau chaude pour une sensation de chaleur intense. Les vibromasseurs qui se déclinent en de nombreuses tailles, textures et couleurs. Le fameux *rabbit* qui stimule le clitoris avec ses petites oreilles de lapin, les célèbres boules de geisha ou encore les œufs vibrants pilotés à distance. La liste est presque aussi longue que la vie d'une baleine boréale, qui peut atteindre 200 ans, ce qui en fait le mammifère ayant la plus grande longévité du monde. Un petit point zoologie ne fait jamais de mal mais revenons-en à nos moutons de panurge.

Les jouets sexuels ne sont évidemment pas réservés à la gent féminine. Les hommes peuvent également se régaler grâce à l'anneau *cock ring* qui maintient et augmente l'érection (dites adieu à votre demi-molle), aux vibros pour ceux qui aiment la pénétration anale, aux poupées gonflables, aux vaginettes ou encore aux masturbateurs qui permettent d'astiquer le petit serpent visqueux qui crache du venin blanc et qui siffle quand on l'appelle. *Ssssss*… aie confiance.

Débarrassez-vous des idées reçues : l'utilisation de jouets quand vous êtes seul·e et même à deux ne signifie pas que votre partenaire n'arrive plus à vous combler. Le joujou n'est pas un concurrent, il faut le voir comme un bras droit qui viendrait décupler les sensations, exacerber les sens en éveil de monsieur et de madame, ou de monsieur et de monsieur, ou de madame et de madame, ou d'un·e non-binaire et d'un monsieur, ou d'un·e non-binaire et d'une madame (je ne m'en sors plus mais ça me va très bien : soyez-vous même). Et ne sous-estimez, par ailleurs, jamais l'importance du lubrifiant lors de vos rapports en duo comme en solo. L'adage ne dit-il pas que *la vie ne mérite d'être vécue que lorsqu'on humidifie son sexe et son cul* ? Comment ça, non ?! Vous n'avez pas les bases ! Bref, les petits choux, laissez donc les joujoux toucher vos précieux bijoux à quatre pattes, sur le dos ou à genoux.

CQFD

Que vous aimiez ou non les *nudes*, les films pornographiques, les sextoys, les podcasts et les livres érotiques, pensez d'abord à ne pas vous juger. Jamais. Ni vos désirs ni votre façon de prendre du plaisir. Soyons libres et continuons à nous donner beaucoup de mal pour nous faire beaucoup de bien. Allez, ça suffit, je dois y aller car je suis malheureusement garé en double file (c'est une manière détournée et élégante de vous dire que je vais me branler *obviously*).

De tendres baisers sur vos tétons,

Le Dr Cornicholove

”

T'es belle et sois toi.

”

**On n'est plus
sûr de rien
et plus
sur personne
non plus.**

”

Si j'avais su qu'on serait ainsi privés de libertés, j'aurais pris le temps de dire aux gens que j'aime que j'avais envie de les niquer.

”

Je rêve de faire le mur pour te faire l'amour.

”

Le week-end c'est comme le sexe : c'est bon mais toujours trop court.

”

Les temps sont durs pour nos cœurs tendres.

Du 21 avril au 20 mai

TAUREAU

Amour : Tu n'arrives pas à oublier ton ex qui t'a brisé le cœur en mille morceaux et, depuis, tu n'es plus qu'une grosse larve errant dans les méandres de l'amour et qui finira par s'éteindre dans l'obscurité de la solitude. Mais à part ça, c'est cool !

Humeur : Tu vas prochainement te lever du pied gauche, briser un miroir dans la salle de bain, croiser un chat noir, passer sous une échelle et marcher du pied droit sur une crotte de teckel. Courage, bébé.

Travail : Bravo ! Ton ou ta boss te nomme « employé·e du moi » parce que tu n'arrêtes pas de tout ramener à ta petite personne.

Argent : Tu gagnes à l'Euromillions et en profites pour faire le tour du monde… puis ton réveil sonne et tu réalises que tu es toujours pauvre. Tu croyais quoi ?!

À améliorer : Tes proches sont sur le point de s'éloigner. Pense au déodorant.

Les taureaux célèbres : Les boîtes à meuh, Taureau Ailé et la Vache Qui Rit.

GÉMEAUX

Amour : L'amour, ça s'en va et ça revient, comme dans de tout petits reins. Je ne sais pas si ça t'aide, mais je trouvais ça rigolo.

Humeur : Tu es content·e d'avoir reçu un parfum de ta grand-mère qui sent le sapin (je ne parle pas du parfum).

Travail : Tes collègues admirent la grande faculté que tu as à n'avoir aucune estime de toi. Ils et elles souhaiteraient te ressembler mais préfèrent finalement rester dignes.

Argent : Youpi ! Un·e policier·ère a flashé sur toi… Ah non, pardon, c'était un radar : moins 200 euros.

À améliorer : Arrête de grignoter entre les repas car plus personne ne voudra te grignoter toi.

Les gémeaux célèbres : Le prince William (qui, comme toi, passe beaucoup trop de temps sur le trône).

”

Ça se dit amis et ça ne suce même pas pour dépanner.

”

Tu me bois comme du petit lait.

”

Je n'ai d'yeux que pour les tiens.

”

L'homophobie tue, la sodomie jamais.

« C'est le produit parfait pour devenir un SERIAL NIQUEUR... »
L'amour est dans le prépuce
Dr CORNICHOLOVE
WOW !
JE VEUX !
TROP BIEN !

PHARMACIE
HA !
EUH... BONJOUR JE VOUDRAIS... LE TRUC DE LA TV... CHLOROMACHIN SVP...
JE NE VOUS ENTENDS PAS...
AAAAAAAH DE LA CHLOROCOQUINE !!

”

Si la belle
continue
d'être aussi bête,
alors la bête
va finir
par se faire
la belle.

”

**Je cherche
l'âme-sœur
qui mordra
à l'hameçon
et qui,
chaque nuit,
en sueur,
hurlera
mon prénom.**

”

**Toutes
les femmes
sont belles...
Sauf, bien sûr,
toutes
les moches.**

”

**Sur tes courbes
je me courbe.**

”

Il est grand temps de prendre ma chose en main.

”

Le sexe prend une très grande place dans ma vie... Plus ou moins sept centimètres.

Comment être attrayant·e sur les applis de rencontres ?

Leçon n° 4

du Dr Cornicholove

Chaque amoureux·se du *love* sait que la drague trouve aujourd'hui son succès dans les applications de rencontres, toutes plus ou moins efficaces. Qu'il s'agisse de Tinder, Happn, Once, Meetic, Badoo, Grindr, Facebook Rencontres, Fruitz, Adopte Un Mec, Prends-Moi La Chatte Et Pas La Tête, Zizi-Dur-Cœur-Tendre ou encore Mes Boules Dans Ton Boule, nombreuses sont les applis qui nous aident aujourd'hui à trouver l'amour avec un grand A et un petit Q. Certain·e·s en vantent les mérites quand d'autres préfèrent s'en méfier comme du diable. Et vous vous doutez bien qu'un scientifique de ma renommée, de mon envergure, de ma trempe, détient la vérité quant à l'utilité ou non de ces machines à faire du *love*. J'ai donc décidé, dans ce texte sponsorisé par la Sécurité sociale (c'est faux, mais c'est dommage), de partager mon point de vue et de vous donner les clés afin de réussir votre drague à coup sûr… ou à coup dur, devrais-je dire ?! *Humm, gros cochonou.*

Commençons par le début. Certain·e·s de mes confrères et consœurs ont récemment démontré que ces applis – en plus d'être, selon elles et eux, inefficaces – enfermeraient les utilisateur·rice·s dans une immense solitude, la tête rivée sur leur téléphone en plastique et verre froids, les poussant à confondre la recherche de l'amour avec une virée shopping. Pire : plusieurs études ont récemment prouvé que ces sites étaient néfastes pour la santé mentale ET physique, provoquant dans le meilleur des scénarios des éruptions cutanées sur les doigts (du type engelure, vitiligo ou herpès) et, dans le pire des cas, de violentes crises d'épilepsie, souvent mortelles… *Aïe, aïe, aïe.* Rassurez-vous : ceci est un gros mensonge et j'avais juste envie de vous faire flipper. Suis-je insupportable ? OUI. Moi aussi, je vous aime.

Plus sérieusement, il est vrai que le fait d'établir une sélection parmi des dizaines d'inconnu·e·s en « swipant » de gauche à droite s'apparente, en quelque sorte, à faire son petit marché du dimanche matin muni·e d'un sac de courses (si vous êtes normal·e) ou d'un petit panier en oseille tressé par le voisin bobo (si vous êtes parisien·ne – *vade retro satanas*). Mais c'est ainsi, il va falloir que les rabats-joie se fassent un jour à l'idée qu'on n'a plus le temps, qu'il faut aller vite, que la planète est sur le point d'imploser et qu'on sera tous·tes mort·e·s dans quelques années (*youpi*) : c'est donc le moment ou jamais de foncer et de foncer défoncer.

Alors oui, les applis de rencontres ressemblent à un immense souk virtuel où se côtoient de nombreuses descriptions et photos de gens moches (vous y compris), mais tout le monde peut y trouver son compte. Si l'on cherche bien, nous pourrions tous·tes y dénicher notre mignonne perle rare qui brillera comme un soleil, notre gros nounours poilu au torse confortable comme de la paille ou notre petit choubidou qui partagera nos soirées froides et monotones d'hiver sous la couette en acceptant tout de nous : notre haleine matinale et l'odeur de nos pets nocturnes lorsque que nous ronflons comme un tracteur, voire comme un·e agriculteur·rice. Et ça, franchement, c'est beau.

Mais pour y arriver, il faut – bien sûr – s'armer de patience et créer un profil du tonnerre qui se démarquera de tous les autres. Choisir les photos adéquates, écrire une bio originale. Et comme je suis un docteur gentil, je vais de ce pas vous confier les trucs et astuces pour plaire au plus grand nombre sur ces applis. À respecter scrupuleusement du début à la fin, sans quoi vous passerez le restant de votre vie seul·e, à vous lamenter sur votre sort de raté·e du *love* devant *Les Feux de l'amour*, en suçant des glaces à l'eau à défaut de pouvoir sucer autre chose. Et personne ne veut de ça… vous entendez ?! PERSONNE !!! Pardon, je m'emballe, mais c'est pour votre bien.

Les photos

L'une des premières problématiques auxquelles nous sommes confronté·e·s lors d'une inscription sur un site de rencontres est bel et bien de trouver les photos qui vont faire mouche. Celles qui mettront en avant notre meilleur profil. Voici donc les quatre erreurs les plus courantes qu'il faut à tout prix éviter…

Sourire d'enfer

On nous explique souvent que publier des photos sur lesquelles nous sommes souriant·e·s pourrait augmenter considérablement le nombre de nos matchs… Permettez-moi de vous dire que c'est (généralement) faux, à moins bien sûr d'avoir de jolies dents blanches toutes alignées, ce qui n'est vraisemblablement pas votre cas. En réalité, la plupart des personnes ont un sourire si terne qu'il en ferait pâlir un arc-en-ciel. C'est ainsi. Alors, par pitié, gardez votre bouche fermée, en esquissant tout de même un léger rictus afin de faire croire aux potentiels *crushs* que vous n'êtes pas dépressif·ve (même si tous·tes vos ami·e·s savent que vous l'êtes). C'est très technique, mais vous allez y arriver.

En-torse à la règle

Quelle guêpe a donc bien pu piquer ceux qui exhibent leur torse sur Internet ? Pensent-ils réellement qu'à la vue de leurs pectoraux fantômes et de leur ventre tombant, les conquêtes vont se mettre à pleuvoir ? Ou le font-ils pour prouver qu'ils n'ont pas trois tétons ? Alors oui, il arrive parfois que certains aient réellement un beau torse musclé, aux abdominaux dessinés et aux biceps saillants, mais le fait de les exposer ainsi n'est-il pas une façon de faire diversion ? Quel secret tentent-ils de nous cacher ? Une haleine de mammouth ?

Des pieds qui puent le roquefort ? Un passé de nazi ? Ou pire : un tout petit phallus ? Tant de questions qui resteront en suspens (et auxquelles je ne souhaite pas répondre, par peur de réaliser que ces hommes sont en réalité parfaits et que je ferais mieux d'arrêter de critiquer parce que moi, torse nu, je ressemble juste à une grosse patate poilue).

Cheeese !

Je vous en conjure : arrêtez de poster des selfies sur les applis de rencontres car cela sous-entend que vous êtes soit hyper égocentrique (vas-y que j'me courbe devant le miroir de la salle de bain en faisant ma plus belle bouche en cul-de-poule), soit que vous n'avez aucun·e ami·e pour vous prendre en photo. Et ce n'est pas beaucoup mieux. D'autant que la majorité des gens en font 100 pour n'en garder qu'un, ce qui implique que la photo choisie ne traduit pas de façon réaliste l'infâme mocheté que vous êtes au quotidien. C'est donc une fausse bonne idée. Préférez les photos naturelles (sans vos dix couches de peinture faciale) prises par vos proches lorsque vous êtes en train de faire quelque chose que vous aimez : boire un coup, manger une pizza, cuisiner un ragoût, danser le zouk ou faire du sport (à condition de ne pas être torse nu).

Les grosses bêtes à poils

Non, je ne parle pas de vous… quoique. Je fais référence ici aux photos d'animaux que vous postez pour montrer que vous êtes un·e amoureux·se des bêtes. Premièrement : on s'en tamponne la coquille Saint-Jacques que vous ayez ou non un animal de compagnie. Quand on souhaite rencontrer son *crush*, c'est d'abord parce qu'il ou elle a l'air drôle, intelligent·e, charismatique, créatif·ve, curieux·se, gentil·le, affectueux·se, dynamique, généreux·se ou simplement parce qu'il ou elle a un cul à en faire rougir un cadavre. Secondement : ce n'est pas parce que vous aimez les animaux que cela fait de vous quelqu'un de bien. Ce n'est pas un argument de vente. Sans compter que vous pourriez attirer un·e zoophile qui vous ferait vivre des situations grandement gênantes, comme vous bander les yeux pendant l'acte afin que vous ne remarquiez pas qu'il est en train de mater le museau de votre berger allemand Maxou, les longues et fines moustaches de votre chat Poupou ou le tout petit popotin de votre hamster Dexter. Ne faites pas les con·ne·s : arrêtez les photos d'animaux. Tout de suite.

Les descriptions

Quelle galère de trouver *the* biographie qui fera sensation, qui collera le plus possible à ce que vous êtes, qui alliera malice, humour et mystère, convainquant les gens qui vous trouvent moyennement baisable de vous liker quand même parce que « O.K. vous n'êtes pas terrible mais au moins, vous êtes rigolo ». Voici donc les conseils parfaits (en fonction de vos recherches) qui vous permettront d'attirer les *crushs* par milliers comme le chant des sirènes attire les marins. Permettez-vous de devenir le phare surplombant la mer qui guide vos pulsions ténébreuses vers la lumière du port où vous pourrez amarrer vos désirs… O.K., c'est du charabia mais j'avais envie d'essayer. Y a un problème ? Je crois pas, non.

Amoureux·ses de la chair

Vous avez le feu au cul et souhaitez des relations d'un soir sans lendemain ou un plan régulier *caliente* ? Des nuits torrides en rafale, des orgasmes à la pelle et des pelles à outrance ? Vous aimez les soirées coquines où les peaux humides se frôlent, s'humectent et se sentent ? Et vous rêvez de pécho de la moule ou de l'aubergine sans faire trop d'efforts ? Alors arrêtez tout de suite de vous cacher derrière des biographies tordues qui dissimulent le fond du problème. Car le fond du problème, c'est que vous voulez (vous faire) taper dans le fond ! Et mettez-vous un instant à la place des amoureux·ses de l'amour ; rien de plus décevant quand on cherche le *big love* que de se rendre compte après avoir discuté 23 minutes et 12 secondes (c'est une moyenne très crédible que je viens d'inventer) que notre *crush* ne souhaite finalement qu'un plan fesses. Tristitude. Voici donc dix phrases à utiliser quand vos hormones vous démangent le corps et que vous avez envie de sexe encore, encore et encore.

1. L'amour, c'est beau, mais pas autant que tes nichons. Si tu veux du ***love***, viens donc goûter mon cornichon.
2. Ma main sur ton visage, la tienne sur ma queue. À quoi bon être sages, si ça ne rend pas heureux ?
3. Je ne t'offrirai pas la vie de château mais t'auras droit à mon deux-pièces très chaleureux.
4. Arrêtons de nous prendre la tête et prenons-nous le cul.
5. Je cherche le Bonheur avec un grand B comme dans grosse Bite ; gros Boule ; gros Boobs.
6. Je vais t'en mettre plein les yeux car le bonheur est à portée de mes mains.
7. Je suis à la recherche de quelqu'un qui sorte du lot pour ne plus jamais avoir à sortir du lit.
8. Avec moi, il n'y aura pas de hasard, je te prendrai toujours à pile ou fesses.
9. Je veux te faire bonne impression pour qu'on se prenne rectum-verso.
10. Viens remplir mon cœur de bonheur et mon zizi de sang.

Vous l'aurez remarqué, ces phrases sont empreintes d'une réelle poésie. Et comme vous n'êtes pas poète, je vous concède généreusement ces vers. C'est pour moi, c'est cadeau. Qu'importe que vous choisissiez parmi celles-ci ou d'autres, retenez simplement que le plus important est que vous soyez honnête et bienveillant·e envers tout le monde, ce que vous n'avez jamais été jusqu'ici (faites pas les malin·e·s, vos mères me l'ont dit la semaine passée lors de ma tournée très arrosée des cougars de France et d'ailleurs).

Amoureux·ses de l'amour

Vous ne faites pas partie de celles et ceux qui ne jurent que par le sexe et vous trouvez que votre cœur bat plus vite que celui des autres ? Consultez un médecin, vite. Vous en avez marre des plans d'un soir qui n'apportent que du désespoir et quelques morpions en guise d'au revoir ? Bref : vous rêvez d'une relation durable qui vous apportera une réelle sécurité affective + une grande maison à la campagne avec un chien débile qui bave en se frottant le zgeg contre votre mollet + une flambée de bambins laids comme les poux qu'ils vous refileront en rentrant de l'école ? Grand bien vous fasse. Sachez que vous avez frappé à la bonne porte car je ne suis pas seulement un docteur tordu du cul, il m'arrive parfois également d'avoir le cœur tendre comme un gros marshmallow goût fraise tagada. Promis. Voici donc cinq citations (pas très rigolotes, un peu comme vous) qui vont vous aider à trouver *THE only one* qui fera de votre lit l'endroit le plus ennuyeux de la Terre. *Lucky you !*

1. Ma couleur préférée est celle de tes joues quand j'y dépose de tendres baisers.
2. Laisse-moi être la mise à jour qui fera de toi la meilleure version de toi-même.
3. Ça te dit un verre ou deux avant un premier baiser ?

4 Rencontrons-nous et tombons amourheureux.

5 Je recherche quelqu'un que je pourrai prendre à bras-le-cœur.

Voilà, si vous avez apprécié l'une ou l'autre de ces cinq propositions, vous êtes officiellement rempli·e de bons sentiments écœurants qui donnent la nausée, mais je vous aime quand même du fond du cœur (la vérité, c'est que je vous tolère à peine mais j'évite de le dire par peur de perdre des lecteur·rice·s ou des abonné·e·s). Allez passons à la conclusion, je vous ai assez parlé et je n'ai pas que ça à faire, merci.

CQFD

Il ne faut pas hésiter à vous inscrire sur une application de rencontres si vous en ressentez le besoin ; il n'y a rien de pire que de ne pas suivre ce que notre cœur nous dicte de faire (oh, que c'est beau). Rassurez-vous, rares sont les personnes qui pensent qu'avoir recours à ces sites de nos jours est honteux ou dégradant. Et heureusement. Alors oui, il y a quelques points négatifs comme l'impression d'être parfois dans un supermarché du *love*, ou le fait que certain·e·s nous parlent toute une soirée et finissent par nous ghoster dès le lendemain matin (arrêtez ça tout de suite, svp). Mais peu importe le chemin emprunté, droit comme un i ou sinueux comme un poil de pubis, tant qu'on arrive à destination. Voici donc un tout dernier conseil pour vous aider à réussir votre drague sur les sites de rencontres : soyez patient·e. Tout vient à point qui sait attendre… Même pour les gens de votre espèce. Les moches, oui (si vous ne l'aviez pas encore compris).

De tendres baisers sur vos tétons,

Le Dr Cornicholove

”

Je cherche l'âme-sœur avec un grand A comme dans « Aaah oui continue c'est trop bon. »

”

Sois moins casse-couilles et un peu plus suce-bite, stp.

”

**Le bonheur,
ce n'est pas
d'avoir beaucoup
d'argent,
c'est d'en avoir
juste assez
pour faire
le plein d'essence
et venir
te niquer.**

”

J'ai beaucoup de mal à me souvenir du nom de tous les gens avec qui j'ai pas couché.

”

**Joindre
ton outil
à l'agréable.**

”
Mon cœur
bat la chamade
mais ma bite
s'en bat
les couilles.

”

**Je plonge
dans ton bassin
mais c'est toi
qui bois
ma tasse.**

”

To bite
or not to bite ?
That is
***the* fellation.**

”
La baise c'est la base.

Du 22 juin au 23 juillet

CANCER

Amour : Quelqu'un en pince pour toi mais je ne te dirai pas qui : je ne suis pas balance, moi.

Humeur : Ta bonne humeur ne rend heureux·se que toi.

Travail : Tu agaces ton ou ta patron·ne qui te somme d'aller voir ailleurs s'il ou elle y est. Tu t'exécutes et vas aux toilettes. Il·elle n'y est pas. Bizarre. Tu retournes dans son bureau et lui dis que tu ne l'as pas trouvé·e… Tu es licencié·e.

Argent : Prends ton mal en patience. Tu trouveras un billet de cinq euros dans la rue en 2024. À moins que ce soit en 2042 ? Seul l'avenir nous le dira.

À améliorer : Fais du sport et mange léger. Ce n'est pas parce que plus personne ne te regarde qu'il faut te laisser aller.

Les cancers célèbres : Du poumon, du sein, de la prostate.

Du 24 juillet au 23 août

LION

Amour : Tu es sur le point de trouver l'amour, le vrai, celui qui va faire vibrer tout ton corps et te faire rugir de plaisir. Il te coûtera 45 €, ce sera un sextoy.

Humeur : Même un enterrement est moins déprimant que ta compagnie, c'est dire. Reprends-toi vite avant de te transformer en Parisien·ne.

Travail : Ton ou ta collègue d'origine marocaine est presque en retard et, pour le ou la charrier, tu lui lances : « Ce n'est pas étonnant pour un·e rebeu d'arriver *in extrémiste* mdr qu'est-ce qu'on s'marre ! » Tu es licencié·e sur-le-champ et iras en prison pour incitation à la haine raciale. C'est mérité.

Argent : Arrête de jeter l'argent par les fenêtres en t'achetant des vêtements qui te boudinent.

À améliorer : Jean Cocteau disait : « Ce que l'on te reproche, cultive-le, c'est toi. » Moi, je ne suis pas ce mec donc arrête tes mauvaises manières qui commencent à me courir sur le cornichon.

Les lions célèbres : Madonna, Barack Obama et Robert De Niro… Es-tu certain·e d'être lion ?

”

**Les mecs
qui portent
des shorts
en été
soi-disant
« parce qu'ils
ont chaud »
sont vraiment
des allumeurs.**

”

**Je rougis
à tes avances
de me prendre
par derrière.**

”

Tout me touche, sois mon tout.

”

Ne plus savoir où donner de la queue.

”
Arrêtons de pas niquer !

”

L'orage dans l'air est annonciateur de coup de foutre.

SPEED DATING #1

SPEED DATING #2

”

**Seul
on va plus vite,
à deux
on jouit
plus loin.**

”

Embrasons-nous et braise-moi.

”

Sérieusement les mecs qui portent des joggings ultra moule-bites, franchement quoi, continuez, ça m'excite.

"

**L'humain
a du sex-appeal,
le sextoy
est un sexe
à piles.**

”

**Je n'aime
ni les femmes
ni les hommes :
je n'aime
que l'amour.**

”

Si tu veux ramener une meuf, arrête un peu de te la ramener.

Les amours plurielles

Leçon n°5

du Dr Cornicholove

Vous êtes en couple et vous ne tolérez pas que votre partenaire porte son regard sur un·e autre ? Vous vous agacez dès qu'il ou elle complimente la belle gueule d'un chanteur-hurleur dans *The Voice*, le torse poilu plein de boue d'un aventurier de *Koh-Lanta* et le postérieur siliconé d'une candidate de *La Villa des Cœurs brisés* ? Vous deviendriez dingue à l'idée qu'il ou elle pose ses doigts crochus sur le corps d'un·e inconnu·e et d'un cul nu ? Vous défendez avec ferveur l'exclusivité et la monogamie ? En d'autres mots, vous refusez de partager votre moitié avec quiconque. Alors, je vous préviens : ce texte va sans doute vous donner le vertige et vous faire tourner en bourrique. *Hihan, hihan, hihan, hihan* (c'est rigolo).

En Europe, et en Occident de manière plus globale, le couple n'est depuis longtemps vu que comme une entité formée de deux personnes. Deux êtres qui s'aiment (c'est bien) et qui se le prouvent (c'est mieux), qui se doivent mutuellement respect, secours, assistance mais également fidélité (pas de touche-pipi avec la voisine ou de chat-bite avec le voisin). En tant que docteur du *love* expérimenté et particulièrement génial (le *self love*, c'est important), je suis en mesure de vous dire que de plus en plus de personnes se tournent aujourd'hui vers d'autres formes d'amour que celle du couple traditionnel : des façons plus ou moins nouvelles de consommer les corps et de laisser celui ou celle qu'on aime faire ce qu'il ou elle veut de son cululu et même, quelquefois, de son cœur.

Croyez-en mon expérience personnelle : il arrive que certains couples battent de l'aile parce que les deux protagonistes qui le composent n'ont simplement pas la même vision de l'amour. Ils et elles doivent, par conséquent, faire de grands compromis, fructueux ou non, qui leur permettront de faire durer leur duo le plus longtemps possible. Certain·e·s s'en oublient même pour plaire à l'autre et satisfaire ses désirs. Il est donc nécessaire, dès le début si possible, ou plus tard dans la relation, de prendre le pouls de notre bien-aimé·e, de s'intéresser à ses aspirations et ses envies et de rester ouvert·e d'esprit.

Voici donc deux formes de relations amoureuses de moins en moins taboues qui méritent, selon moi, d'être connues. Haut les cœurs, le partage est de mise !

Le couple libre

Autrement dit en « relation libre », le couple libre est un cadre dans lequel les deux partenaires ont le droit de papillonner ailleurs si ils ou elles le souhaitent. La fidélité n'est pas physique mais uniquement sentimentale. Prenons deux prénoms (au hasard, Yves et Pedro) et imaginons leur romance afin de mieux comprendre ce concept. *Youhouuu*, j'adore inventer des histoires qui ne sont pas du tout inspirées de ma vie. Non, pas du tout. Vous me croyez ? Croyez-moi, s'il vous plaît. Merci.

Un soir de printemps, Yves et Pedro se rencontrent, s'apprécient et décident rapidement de passer beaucoup de temps ensemble. Mais Pedro est jeune et ne veut pas s'engager dans une relation traditionnelle, sans pour autant penser à parler à son partenaire de l'option « couple libre ». Leurs sentiments s'épaississent, leur relation s'intensifie. Une nuit, alors que Pedro avait un verre dans le nez, il révèle à Yves qu'il l'aime et qu'il ne peut plus se passer de lui. C'est beau et ça sent bon comme une série à l'eau de rose qui donne envie de vomir. Les semaines passent, leur relation devient rapidement exclusive et neuf mois plus tard : *bim*, un bébé ! Non, je déconne.

Pedro a le feu au cul, il trompe son amoureux avec un piètre inconnu trouvé sur une appli de rencontres.

Yves l'apprend. Son petit cœur de loveur est brisé : il ne pardonnera pas. *Nooooon*. « Je ne te pardonnerai pas, Pedro ! Hors de question ! Jamais ! » Mais Pedro sait convaincre et Yves lui pardonne. « Mon corps ne t'appartient pas, tu ne peux pas te l'accaparer », lui rétorque Pedro. Yves s'agace : « Comment ça, ton corps ne m'appartient pas ? Bien sûr que tu m'appartiens ! Des ongles de tes jolis petits pieds à tes épis de cheveux crépus ! Tout de toi m'appartient. » À l'instant précis où il prononce ces mots, Yves réalise qu'il n'y croit pas lui-même. Les compagnons discutent longuement, très longuement, tentent de se comprendre tant bien que mal et parviennent finalement à s'aligner. « Et si on optait pour la relation libre ? » Un couple ouvert sur l'extérieur pour se faire du bien à l'intérieur, oui, c'est alléchant, mais comment s'y prendre ?

Ils se mettent d'accord sur les conditions à respecter : pas plus d'un certain nombre de coucheries par mois, toujours mettre un préservatif, ne jamais passer la nuit avec les conquêtes et ne faire que des papouilles et autres choses aux couilles qui provoquent la mouille et le sourire à la bouille. Interdiction donc d'aller avec ces inconnus au cinéma, au théâtre, au musée, de flâner dans la rue et de partager un repas au restaurant. Le seul mets qu'Yves et Pedro pourront déguster sera le corps de leurs amants. Et tout ira bien. Enfin, presque. Car si, en théorie, cela semblait facile, la pratique allait s'avérer complexe et douloureuse. Ils emménagent ensemble. Les mois passent et les disputes se multiplient. Yves est jaloux. Yves ne parvient pas à laisser la peau de Pedro aux doigts d'inconnus. Yves devient parano : « Et si Pedro trouvait quelqu'un de mieux que moi ? De plus grand, de plus beau ? De plus intelligent, de moins râleur ? De moins bavard, de plus mature ? De moins sensible, de plus enthousiaste, de moins angoissé, de plus cultivé ?

Qui a plus de pectoraux, des fesses plus rebondies, des bras plus forts pour pouvoir le protéger ? ». Yves panique : « Et si Pedro venait à ne plus m'aimer ? Et Si Pedro tombait amoureux d'un de ses plans cul ? Et si et si ?! *Et si, maman si, si maman si, maman, si tu voyais ma vie...* » Pardon, je m'égare, encore.

Yves fait part de ses doutes au bien-aimé, mais Pedro a la tête dure. Il ne veut plus de relation exclusive. Et il a le droit. Il pousse Yves à en profiter également, vantant le délicieux sentiment de liberté qu'il ressent. Yves s'exécute, mais Yves n'apprécie que très rarement, souvent déçu par le comportement de ses amants qui n'ont de tendre que la peau. Il se sent mal à l'aise, parfois même, il ne bande pas. De toute façon, ce n'est pas aux autres qu'Yves veut plaire, c'est à Pedro. Et rien qu'à Pedro. Ce dernier tente de le rassurer : « Mon corps ne t'appartient pas, c'est vrai, mais mon cœur, oui ». Yves est ému. C'est joli, hein ?

Et le temps passe. Une année. Puis deux. Puis trois. Puis quatre. Yves accepte, par amour et par peur de l'abandon, les quelques nuits passées seul dans son lit lorsque Pedro s'endort dans les bras velus d'un autre. Il accepte de se sentir fébrile lorsqu'il se goinfre de bonbons et de chocolat devant la télévision. Lorsque Pedro semble penser à Robin, ce joli roux barbu qu'il voit régulièrement, et qui est sans doute devenu plus qu'un plan cul à ses yeux, à sa peau, à son cœur. Lorsque Pedro rentre le sourire aux lèvres, lèvres qui semblent à chaque instant avoir le goût d'un autre homme. Tantôt sucrées, tantôt salées, mais pour Yves, toujours amères. Et Yves a la nausée. Il en pleure, parfois. Souvent, peut-être. Toujours ? Il se sent sale, il se sent seul. Se confie à Pedro, les larmes aux yeux et la gorge nouée, la boule au ventre et la fièvre au corps. Mais Pedro n'a pas les mots. Si Yves a accepté,

Yves doit assumer : donner, c'est donner, reprendre, c'est voler. Détrompez-vous : Pedro n'est pas égoïste, il a simplement réussi à imposer ses désirs à son amoureux au début de leur relation. Pedro n'a pas à en rougir. Ils ont tenté de se convaincre qu'ils étaient faits l'un pour l'autre mais se sont peut-être trompés dès le premier soir. Ce vendredi printanier, le 8 mars 2013, où ils s'embrassèrent pour la première fois dans cette chambre d'hôtel bruxelloise dans laquelle ils s'apprêtaient à passer tout le week-end. À se confier, à se toucher, à se découvrir du bout des doigts et du bout des lèvres. À se lancer des regards emplis de désir et de promesses. Ils s'étaient trouvés. Pour le meilleur et pour le pire.

Leur relation se détériore. Après quelques années teintées d'un amour passionnel, de moments très joyeux mais également d'incompréhensions et autres crises en tout genre, Yves et Pedro décident de se quitter d'un commun accord… même si Pedro était plus d'accord que moi. Que Yves, pardon. *Oh, là, là !* C'est fou comme cette histoire, pourtant tout droit sortie de mon imagination, transpire le vécu. Comme elle pue le traumatisme. Comme elle dégouline le chagrin d'amour qui va durer longtemps et duquel Yves va avoir beaucoup de mal à se remettre. Heureusement, aujourd'hui, je vais mieux. Yves va mieux, pardon… Décidément !

Après avoir porté la casquette de conteur, il est grand temps pour moi de reprendre celle de docteur du *love*. La question qui se pose quant à cette romance entre Yves et Pedro est la suivante : ont-ils eu raison de miser sur la relation libre ? Sortez une feuille et un crayon, vous avez quatre heures. Selon moi, nous pourrions répondre à la fois « oui » et « non ». Oui, car Pedro ne serait de toute façon pas resté fidèle, aurait sans doute trompé Yves en cachette régulièrement, ce qui aurait fait souffrir ce dernier. Et non, parce que Yves a accepté en étant convaincu que ça ne lui conviendrait pas et parce que Pedro n'a pas respecté toutes les conditions qu'ils s'étaient imposées. Quel foutoir ! On dirait un feuilleton télévisé du genre *Les Feux de l'amour du cul* ou *Plus belle la bite*. Mais ce qui est certain, Yves et Pedro ne pourront jamais le nier, c'est que ces deux-là se sont aimés. Pour de vrai. Intensément. Maladroitement. Ils se sont aimés. Malgré les blessures, ils se sont aimés. Follement. Malgré la colère, ils se sont aimés. Tendrement, ils se sont aimés. Brillamment, ils se sont aimés. Bruyamment, à en réveiller les voisins. Violemment, à se faire autant de mal que de bien, sans doute. Mais ils se sont aimés. Et le temps aura beau user de son grand pouvoir à l'effet amnésiant, ni Yves ni Pedro n'oubliera que, malgré tout, ils se sont aimés.

Mais alors, est-il possible qu'une relation libre fonctionne sur la durée sans trop de heurts ? Eh bien, étonnamment, oui. Comme écrit au début de ce (super) texte, pour que cela marche, il faut d'abord que les deux protagonistes soient sur la même longueur d'onde. Si l'un·e des deux est hésitant·e, autrement dit s'il ou elle est mi-fist mi-raisin, alors cela ne présage rien de bon. Il faut également que les partenaires aient l'oreille attentive, beaucoup de patience et le don de se remettre en question. Du courage, aussi, car il en faut pour surmonter la jalousie et la paranoïa.

Étant donné que je suis un scientifique sérieux, vous vous doutez bien que je ne me suis pas contenté que d'imaginer l'histoire de Yves et Pedro (pas du tout inspirée de ma vie, je le répète), j'ai également pris la peine de me documenter sur le sujet. Et sachez, chers laiderons et laideronnes (ça faisait longtemps), que j'ai trouvé de nombreux exemples de couples libres très heureux.

Comme quoi, c'est possible ! Aux parcours différents : pour certains, le choix d'une relation libre était une évidence dès le départ (ce qui n'empêche pas des ajustements au fil du temps) et pour d'autres, c'est à force d'en discuter qu'ils sont parvenus à trouver leur équilibre amoureux et sexuel, après être passés par la relation dite « exclusive ». Ils m'ont néanmoins tous confié que les deux clés pour que cela marche sont l'écoute et le respect des limites préétablies. Conditions *sine quibus non* (ouais, je parle latin, aussi) pour que tous·tes papillonnent sans se prendre la tête tout en se prenant le pépète. Ce docteur, ô, quel poète.

Le polyamour

Je ne pourrais conclure ce texte sans vous parler furtivement d'une autre forme de relation pour le moins intrigante : le polyamour ou pluriamour. Il ne s'agit, cette fois-ci, pas de partager uniquement son corps avec plusieurs personnes, mais bien de les laisser s'immiscer dans notre poitrine, de les laisser entendre notre cœur battre pour elles. Imaginez que vous puissiez librement être amoureux·se (en même temps) d'Alex, Tristan, Pierre et Nathanaël, Anaïs, Aïssa, Fatou et Oulaya : ça fait rêver ! Les polyamoureux·ses pratiquent une nouvelle forme de relation individuelle où ils et elles peuvent aimer sincèrement plusieurs personnes à la fois. Il n'y a donc pas de notion de couple à deux personnes, la seule exclusivité qui existe étant celle de la fidélité à ses propres sentiments, à son propre ressenti, à ses propres aspirations sexuelles et amoureuses. Souhaiteriez-vous en savoir plus ? Il ne vous reste donc qu'une chose à faire : me draguer, me faire tomber amoureux de vous (ça ne va pas être chose aisée) et nous essayer au polyamour. J'en serais ravi, *ooooh oui*, car mon cœur est assez grand pour accueillir tous les vôtres. Venez, on quitte tout et on s'aime.

Que nous options pour une relation à deux dite « traditionnelle avec exclusivité », que nous préférions la relation libre où il n'y a pas de fidélité sexuelle ou que nous nous dirigions vers le pluriamour, la chose la plus importante à considérer est la suivante : le respect, BORDEL ! Des autres, bien sûr, et de nous-même, d'abord. Ne nous forçons à rien. Jamais à rien. À part peut-être à adorer les cornichons (ça va de soi),

De tendres baisers sur vos tétons,

~~Yves.~~ Oups.

Le Dr Cornicholove

”

Faire des études pour gagner moins qu'une meuf qui mange du quinoa sur Insta.

”

Aucun filtre ne te rendra beau ou belle de l'intérieur.

”

**Je rêve
d'un monde
où il n'y aurait
ni maladies,
ni attentats,
ni virus,
ni influenceuses.**

"

Je passe beaucoup trop de temps sur Insta et pas assez de temps dans ton cul.

»

Les gens
qui font
beaucoup
d'enfants,
c'est parce
qu'à chaque fois
ils sont déçus
du résultat ?!

”

**Quand le soleil
se couche,
ta lune
je soulève.**

”

**La fellation
est un bon moyen
de faire le vide
pour l'un
et de le combler
pour l'autre.**

”

**Un gros cul,
c'est comme
un gros gâteau.
Y en a trop
à bouffer
mais hors
de question
de partager.**

❞ Réseaux, porno, dodo.

Du 24 août au 23 septembre

VIERGE

Amour : L'amour frappera enfin à ta porte dans quelques jours mais tu seras malheureusement aux toilettes et ne l'entendras pas.

Humeur : En ce moment, ton cœur est lourd, certes... mais pas autant que ton humour. Arrête les blagues.

Travail : Tu porteras plainte contre ton ou ta boss pour agression sexuelle mais la police sera trop occupée à faire des contrôles au faciès. Reviens demain.

Argent : Ton oncle milliardaire atteint d'Alzheimer meurt après avoir oublié qu'il avait promis de te léguer toute sa fortune. Toi, tu n'oublieras jamais.

À améliorer : Arrête de pleurer en pensant à ton ex. Il ou elle ne reviendra pas, jamais. Les larmes qui coulent sur ton visage ne font pas de toi quelqu'un de plus attachant. Au contraire.

Les vierges célèbres : Marie (enfin bon, c'est ce qui se dit).

Du 24 septembre au 23 octobre

BALANCE

Amour : Personne ne t'aime car plus personne n'aime les balances depuis 1945.

Humeur : Tu auras tendance à prendre toutes les remarques pour des critiques. Tu as raison : ce sont des critiques. Fondées, en plus.

Travail : Ton employeur n'aura d'yeux que pour tes compétences et te donnera une sacrée promotion. Finies les photocopies, tu seras désormais chargé·e de préparer le café. Double crème et sans sucre, ne fais pas le ou la con·ne.

Argent : Tu parviendras, après de nombreux sacrifices, à réunir assez de pièces rouges pour pouvoir profiter de la vie à la piscine municipale.

À améliorer : Cesse de te plaindre du bruit que font les voisin·e·s la nuit quand ils et elles jouent au papa et à la maman. Ta solitude te rend aigri·e et intolérant·e.

Les balances célèbres : Kim Kardashian, Christophe Maé, Matt Pokora, Cyril Hanouna, Anne Roumanoff et mon ex… T'as pas de bol.

”

**Y a pas
que le cul
dans la vie...
Y a la chatte,
la bite
et les nichons,
aussi.**

”

**Je ne souhaite
à personne
de ressembler
à tout le monde.**

”

Non
c'est non,
mais si
tu insistes
et qu'elle
dit oui,
alors là…
c'est non
aussi.

”

J'ai à cœur
de te bouffer
le cul.

”

**L'amour,
y a queue ça
de vrai.**

”

Un esprit malsain dans un corps sain.

À MOI
LE SUCCÈS !!!
CHLOROCOQUINE

GLOUP GLOUP GLOUP

SPEED DATING #3

”

Je veux bien être écolo, mais pas au point de recycler mes ex.

”

Contre le gaspillage alimentaire : n’oubliez surtout pas d’avaler.

”

Depuis que j'écris, vous attendez que je vous fasse rire alors que moi, franchement, j'attends juste de vous baiser.

”

**Pour moi,
l'amour n'a pas
de sexe
mais je préfère
le sexe
avec amour.**

”

Dès que ça parle zizi, y a du monde pour faire la queue.

”

Le cunnilingus est le meilleur moyen d'avoir le sourire au bord des lèvres.

Comment reconnaître un·e pervers·e narcissique ?

Leçon n° 6

du Dr Cornicholove

Votre *crush* se comporte mal et n'est pas toujours respectueux·se ? Il ou elle a un comportement très bizarre qui vous met mal à l'aise ? Il ou elle vole vos culottes sales et les offre à tous·tes ses potes ? Il ou elle insiste pour ronger vos ongles de pieds chaque soir ? Il ou elle collectionne ses excréments dans des bocaux en verre ? Il ou elle vous dit que vous êtes presque aussi beau ou belle que sa voiture de tuning ? Il ou elle écoute en boucle le dernier album de Lara Fabian ? Et il ou elle martèle avec conviction que la Terre est presque aussi plate que vos fesses ? Alors, je suis au regret de vous dire que ça ne fait pas de lui ou d'elle un·e pervers·e narcissique… C'est juste une personne vraiment *creepy* qui a des goûts de chiottes et une attirance non-dissimulée pour la scatophilie. *Caca prout*.

Le ou la pervers·e narcissique n'est pas un être particulièrement monstrueux, de prime abord. Il ou elle n'a pas une verrue immonde sur un nez crochu duquel sortirait un amas de poils écœurants. Ce n'est pas écrit sur son front qu'il ou elle va vous faire subir un cauchemar éveillé et vous imposer une relation toxique particulièrement violente qui vous retirera peut-être toute envie de rire, de danser, d'aimer et parfois même de vivre. Ce serait trop simple. Il ou elle ne vous préviendra pas non plus au premier rendez-vous, entre la poire et le fromage, que vous risquez la noyade si vous embarquez ensemble sur son *love boat*. Non. Et c'est bien pour cela qu'il faut savoir débusquer ces petits êtres qui se croient grands. Qu'il faut reconnaître les bons signes qui doivent nous alerter afin de nous permettre de fuir, tout en évitant, bien sûr, de tomber dans la paranoïa à chaque rencard… D'ailleurs, qui dit encore « rencard », au XIXe siècle ? Moi. Tu me critiques, là ?! Vas-y c'est bon fous-moi le pet, maintenant.

Voici donc les caractéristiques propres à ces saletés de pervers·es narcissiques. Parce qu'avant d'avoir envie de vous sauter, j'ai d'abord envie que vous soyez heureux·se (je n'enfile jamais les gens tristes, c'est dans mes principes).

Étant donné que je suis l'auteur de ce superbe bouquin et que, par conséquent, je fais ce que je veux, j'ai décidé que le ou la PN type que je m'apprête à décrire sera un homme prénommé Jean-Eustache et qu'il aura une moustache.

L'as de la séduction

L'un des traits communs à tous·tes les pervers·es narcissiques est d'abord qu'ils et elles ont la séduction facile, la tchatche qui coule dans les veines. Jean-Eustache connaît les mots qui font mouche et use et abuse des techniques pour vous attirer dans son lit et dans ses bras. Et vous tomberez sous le charme, comme tous·tes les autres, grisé·e par tant de superlatifs mignons qui valorisent. Il vous regardera droit dans les yeux et, sans une once de vergogne, vous fera rapidement des compliments démesurés tels que : « Tu es la personne la plus intéressante que j'ai croisée », « je suis déjà amoureux de toi » ou « je n'ai jamais vu quelqu'un d'aussi sublime de toute ma vie. » En résumé : Jean-Eustache ferait mieux de porter des lunettes.

Vilain, vilain !

L'une des autres caractéristiques de Jean-Eustache est son goût prononcé pour le dénigrement lorsqu'il s'agit des autres. Il passe son temps à critiquer de façon excessive celles et ceux qui s'y piquent, qui osent s'opposer à quelqu'un d'aussi brillant que sa personne. Il se met alors à utiliser des termes désobligeants afin de qualifier les individus qu'il voit très souvent comme des adversaires : « Comment ça, ils ne m'aiment pas ? Est-ce qu'ils ont bien les yeux en face des trous ? Réalisent-ils à quel point je suis bon ? Je suis sûr qu'ils sont jaloux ! Jaloux de mon talent, de ma beauté, de mon argent. Je pourrais les écraser si je le souhaitais, ces gens-là sont nuls. Nuuuls. Nuuuuuuuls. » Sans compter que Jean-Eustache a tendance à se victimiser (malgré son sentiment de supériorité) lorsqu'il perd le contrôle de la situation ou réalise que son pouvoir de domination est quelque peu altéré : « *Ouin, ouin*, la vie est trop injuste avec moi, *ouin, ouin*, je suis une cible sur laquelle tout le monde tire à balles réelles. » Ouais, c'est ça, viens là, Ouin-Ouin, que je te donne une fessée bien méritée, puis file dans ta chambre te masturber devant ton propre reflet dans un miroir ! Miroir qui est, d'ailleurs, à deux doigts de faire un AVC tellement il n'en peut plus de voir ta sale tronche… Suis-je énervé ? OUI.

La dette

Comme Jean-Eustache n'a aucune limite dans sa perversion narcissique, il n'hésitera pas une seconde à te faire comprendre que tu lui dois beaucoup. Que c'est grâce à lui et uniquement à lui que tu as tout ce qu'il faut pour être heureux·se aujourd'hui. Que si tu ne l'avais pas rencontré, tu serais la dépression incarnée et que, par conséquent, tu dois te sentir redevable vis-à-vis de sa petite personne. Il saura te rappeler – aux moments qui l'arrangent le mieux – tout ce qu'il t'a (selon lui) apporté : « Comment peux-tu me refuser ce service après tout ce que j'ai fait pour toi ? » Jean-Eustache saura alimenter un atroce sentiment d'obligation qui te poussera à réaliser ses moindres souhaits. Tu te sentiras coupable de ne pas l'aider même si tu n'en trouves plus la force.

Et très souvent, le manipulateur t'en demandera beaucoup, bien plus que ce qu'il t'a donné. C'est comme s'il t'offrait un bonbon et qu'en échange, il exigeait tout ton paquet de chips. C'est pas très équitable, on est d'accord ? Parfois même, la dette à laquelle il fera référence sera totalement imaginaire. C'est sournois, oui, mais ça lui permettra de conserver le pouvoir : « Tu te souviens de la fois où je t'ai aidé·e à faire ça ? » ; « Rappelle-toi quand je me suis couché plus tard pour t'épauler » ; « J'ai été présent quand tu en avais besoin et maintenant tu refuses de me prêter main forte ? » Oh mais quand est-ce que Jean-Eustache va enfin fermer sa grande gueule ?! Est-ce que je perds patience ? OUI.

Jackpot !

Jean-Eustache est également obsédé par le flouze, le blé, la brique, la caillasse, le grisbi, l'oseille, les pépètes, le pèze, le pognon, l'euro, le dollar, le franc et même la roupie. Pourquoi j'aime autant les synonymes ? Pourquoi pas. D'ailleurs, connaissez-vous le synonyme du mot « synonyme » ? N'hésitez pas à m'envoyer la réponse sur Instagram avec une photo de votre popotin. Rapport ? Aucun.

Il faut donc faire très attention à ne jamais laisser Jean-Eustache s'immiscer dans votre portefeuille : il risquerait de vouloir contrôler toutes vos dépenses et d'avoir son mot à dire quant au moindre petit achat que vous souhaiteriez effectuer. Il pourrait même – et ce serait fichtrement criminel – vous interdire d'acheter des chewing-gums à la pompe à essence malgré votre haleine de chevreuil pouilleux. Triste ? Ouais. Alors faites bien attention, s'il vous plaît, parce que le pervers narcissique est rusé et fera cela de manière progressive.

Et hop ! Un beau matin, sans vous en rendre *compte*, vous devrez lui en rendre… des *comptes*. Et ça, franchement, ce n'est pas un *conte* de fées. LOL, qu'est-ce que je suis drôle ! Comment ça, « non » ? Allez faisons un sondage : envoyez OUI ou OUI au 69 69 69 (23 € par sms envoyé et reçu).

Punching-ball

Et ce n'est pas tout ! Sachez que Jean-Eustache a plus d'un mauvais tour dans son sac à dos. En bon maître de l'intimidation, il saura user de violences en tout genre : des propos haineux et dégradants à la manipulation psychologique, en passant parfois par les blessures physiques. Il fera tout pour vous rendre malheureux·se et cette enflure saura s'y prendre. Climat d'insécurité émotionnelle, menaces courantes, crises de colères fréquentes, intimidations à gogo. Le PN vous fera porter un poids constant sur les épaules, une épée de Damoclès qui vous accompagnera du matin au soir et même quand il ne sera pas avec vous. Vos pensées lui seront entièrement dédiées, vous serez à sa merci. Et Jean-Eustache trouvera toujours où est votre faiblesse, où il suffit d'appuyer pour que vous lui pardonniez sans cesse et restiez soumis·e à son emprise… Joyeux, tout ça ?! On fait péter le Champomy !

CQFD

En résumé : le ou la pervers·e narcissique est une personne charmante au premier abord qui vous fera des tonnes de compliments (que vous ne méritez pas, *hihi*) et qui semblera partante pour s'investir avec vous dans une relation (mais quel courage !). Une fois sa proie dans ses filets, cette personne vous fera des critiques sous forme de blagues mais se mettra très vite à vous critiquer de façon bien plus frontale. Et cela risque de faire mal. Elle ne saura ni vous respecter (alors que moi, oui, je vous attends à l'hôtel), ni vous offrir une réelle attention et écouter vos désirs (chambre 356, à droite). Cette personne se mettra très souvent en avant, n'aura aucune empathie pour vous ou vos proches et tentera de vous convaincre que la compassion est la passion des cons. Elle critiquera tous·tes celles et ceux qui s'opposeront à elle, se victimisera encore et toujours. Elle mentira aussi, beaucoup, pour tenter de garder la situation sous contrôle. Elle voudra tout gérer, de vos amitiés à votre compte en banque. Elle vous isolera progressivement mais inéluctablement, comme un sale gourou de secte, en s'assurant de devenir votre unique interlocuteur·rice, votre seul réel contact avec le monde extérieur. Et elle vous manipulera de l'aube à la nuit noire. Violences psychologiques, verbales et parfois même physiques. Bref, le ou la pervers·e narcissique a une très haute estime de sa personne mais ferait mieux d'aller consulter un·e psychiatre, se faire shampouiner et redescendre tout de suite de ses grands cheveux. Parce qu'elle le vaut bien.

Alors ? Suis-je parvenu à vous convaincre de faire attention à vous en évitant Jean-Eustache et tous·tes les autres pervers·es qui font bobo au cœur et parfois au corps ? Je crois que la question, elle est vite répondue.

De tendres baisers sur vos tétons,

Le Dr Cornicholove

”

N'aie pas de mal
à te barrer
si avec ce mec
t'es mâle barrée.

”

Il ne faut pas vendre la peau du gland avant de l'avoir sucé.

”

Quand les femmes montrent leurs droits, le patriarcat les regarde de travers.

”

Faire l'amour c'est beau, sauf quand ça fait des enfants moches.

”

**En un an,
j'ai pris plus
de cotons-tiges
dans le nez
que de bites
dans le cul.**

”

Sucez, c'est trempé !

”

L'appétit vient en te mangeant.

”

Le cunnilingus donne souvent la chair de moule.

”

Quand
le sage
montre sa lune,
l'abruti lui
met un doigt.

”

**L'amitié
entre mecs
peut être fragile
et ne tient
parfois
qu'à une fille.**

”

Ça se dit écolo et ça fait des gosses…

”

(Sur)prends-moi
par les sentiments.

”

(Sur)prends-moi par la taille.

Du 24 octobre au 22 novembre

SCORPION

Amour : Si tu ne trouves pas l'amour rapidement, c'est que tu mens et que tu n'es pas scorpion. Tous·tes les scorpions sont naturellement aimé·e·s, du premier au dernier souffle, et même pendant l'adolescence lorsque les boutons d'acné viennent perturber l'équilibre absolu de leur visage angélique.

Humeur : Tu as peur de décevoir et de ne pas être à la hauteur ? C'est ton côté modeste, l'une de tes nombreuses qualités. Mais rassure-toi, cela n'arrivera pas, jamais, ô grand jamais. Tu es *the best of the best of the best one*.

Travail : Reste calme et digne si ton employeur ne t'estime pas à ta juste valeur. Il faut lui pardonner, c'est sûrement parce qu'il est balance.

Argent : Tu es riche de talent, d'inventivité, de bonté, d'humour, de charme, de tendresse, de force, de courage et d'ouverture d'esprit. L'argent, tu le laisses aux ploucs, tu es bien au-dessus de tout ça.

À améliorer : Ne te repose pas trop sur tes lauriers même si tu es presque parfait·e. Continue de rayonner, le soleil t'envie déjà.

Les scorpions célèbres : Marie Curie, Joaquin Phoenix, Catherine Deneuve, Martin Scorsese, Pablo Picasso… Que des *winners*, quoi. Ah et y a Cœurnichons, aussi.

Du 23 novembre au 20 décembre

SAGITTAIRE

Amour : Tu finiras ta vie seul·e, entouré·e de chats qui préféreront casser la croûte chez les voisin·e·s, un peu comme tous·tes tes ex.

Humeur : Chouette, tu es de bonne humeur ! Est-ce parce que quelqu'un a gentiment accepté de te sourire après que tu l'aies menacé·e à l'arme blanche ? Peut-être.

Travail : Tes collègues ne peuvent plus te voir en peinture. À contre-cœur, tu décroches le tableau à ton effigie qui trônait dans les toilettes du bureau.

Argent : Tu deviendras riche dans quelques années mais il n'y aura personne pour te féliciter.

À améliorer : Tout, tout, tout. Commence dès maintenant.

Les sagittaires célèbres : Britney Spears et mon boulanger, mais je n'arrive pas à savoir lequel des deux a les plus jolies miches. #GrosBeauf #Sexiste #BalanceTonPortugais #CœurnichonsEnPrison

”

Qui sème l'amour récolte la levrette.

”

Je n'ai rien contre t'avoir pour moi. J'ai tout pour t'avoir contre moi.

”

**L'avenir
appartient
à ceux
qui se lavent tôt
et qui font
du sale
juste après.**

”

**OK,
j'aime le sexe
mais
pas queue hein.**

"

Le cœur a ses raisons et la raison : on l'emmerde.

”

Je n'ai jamais manqué de rien jusqu'au jour où j'ai manqué de toi. Et ce jour-là, j'ai manqué de tout.

ÇA TE DIT QU'ON DEVIENNE SEXFRIENDS ?
???

SI TU VEUX, MON COEUR...
APPELLE-MOI NATHALIE.

GOÛT-GUEULE
COMMENT RECONQUÉRIR SON EX ?
TAPE TAPE
TAPE
TAPE
TAPE

GOÛT-GUEULE
COMMENT RECONQUÉRIR SON EX ?
AUCUN RÉSULTAT DONC FAIS PAS LE CON : PASSE À AUTRE CHOSE.

”

**Le Nous
est mort quand
le Je s'est pris
au jeu mais
que le Tu
s'est tu.**

”

**Ne plus savoir
à quels seins
se vouer.**

”

Je t'aime tellement. Enfin, je crois. Attends... Descends plus bas. Encore plus bas ? Oui voilà, je t'aime tellement.

”

J'aime autant toucher tes formes que ton fond.

”

Le temps file et moi j'enfile plus personne.

❞ Vivre d'amour et de chair fraîche.

”

Tu es beau comme une phrase sans fin (en gros, t'es canon mais tu parles trop).

”

Quand on aime, on ne compte pas le nombre de fessées.

Comment faire durer votre couple ?

Leçon n°7

du Dr Cornicholove

Une plante, ça s'entretient. Il faut l'arroser, lui offrir assez de luminosité, parfois opérer un rempotage ou mettre de l'engrais, en retirer les feuilles mortes, la bichonner, pourquoi pas lui parler, voire la rassurer. Bref : faire notre possible pour ne pas la laisser mourir à petit feu. Et le couple, ce gros monstre effrayant qui sent très mauvais, a besoin de tout cela aussi. C'est un réel travail au quotidien.

Lors de mes nombreuses recherches en coquinologie, j'ai tristement réalisé à quel point la plupart des amoureux·ses se laissaient aller, ne faisant que très peu d'efforts pour garder l'être aimé à leurs côtés. Mais les cocos, il va falloir redescendre de votre nuage d'égocentrisme et de suffisance : rien n'est jamais dû, rien n'est jamais acquis. Personne ne restera avec vous par habitude (ou alors, pas très longtemps), à moins que votre partenaire soit un labrador. Et chacun·e ses goûts… moi, je préfère les caniches.

De nos jours, en raison de la grande offre de beaux petits culs célibataires et la facilité de rencontres via les réseaux sociaux, personne ne va se forcer à rester avec un ou une plouc qui ne fait rien pour entretenir la flamme. Il faut se battre, s'acharner au travail, tout donner et faire plaisir à l'autre ainsi qu'à soi-même. Voici donc quelques conseils qui vont vous permettre de remettre de l'équilibre, du piment et de l'écoute dans votre monstre effrayant qui sent mauvais (oui, je radote mais le couple, franchement, ça pue plus qu'une tartine de maroilles trempée dans de la chicorée). Je hais les couples, je les hais. Vous entendez ?! Je les haiiiiiiiiiiiiis.

Du nerf !

Je le sais et je suis loin d'être le seul : votre amoureux·se n'est pas incroyable. C'est un chanteur sans voix, une bricoleuse maladroite, un sportif qui fume comme une cheminée, un cuisinier à la main lourde sur le sel, une œnologue sans odorat, un photographe qui louche, une écrivaine sans imagination, un jardinier impatient ou une pianiste sans doigté.

D'accord, je vous l'accorde, son absence de talent rappelle cruellement la vôtre. Mais l'un des points primordiaux pour qu'un couple dure est de soutenir son ou sa partenaire dans tous ses projets, dans ses rêves les plus farfelus *poils au zizi et poils au cul* (ça faisait longtemps que je n'avais pas été grossier). Il faut donc être à l'écoute des envies de votre amoureux·se et le ou la conseiller du mieux possible. C'est dur, mais il faut le faire.

Et si vous ressentez vraiment le besoin de le ou la critiquer, ce qui est tout à fait compréhensible : téléphonez à vos ami·e·s et racontez-leur à quel point votre partenaire est naze. Cela vous déchargera mentalement et vous permettra, en outre, de solidifier vos amitiés (les potes, ces petits mange-merde, adorent se rendre compte qu'on n'est pas si heureux·se qu'on voudrait bien le faire croire).

Surpriiise !

Par « surprise », je n'entends pas « faire des cadeaux » (vous n'avez pas un rond), j'entends simplement « surprendre » votre partenaire. Et vous surprendre vous-même, par la même occasion. Pour solidifier le couple, rien de plus important que de faire des activités ensemble (autres que de se disputer à cause de la belle-mère qui a sous-entendu que vous étiez un·e gros·se *loser* lors d'un interminable dîner familial où Tonton Marcel a encore dit que « les Chinois riz jaune et nem pas ça »). Il faut donc organiser des activités que vous n'avez pas l'habitude de faire.

Soyez ingénieux·se, audacieux·se et rusé·e ! Achetez des masques chirurgicaux et allez recouvrir les visages des statues de votre quartier, faites un atelier bricolage avec de la gouache qui finira en body painting sensuel ou allez simplement insulter ensemble tous les pigeons que vous croiserez (en espérant qu'ils ne vous comprennent pas, au risque de vous faire chier dessus). Il existe des tas d'occupations qui semblent inutiles, de prime abord, mais qui permettent en réalité aux partenaires de ne pas se lasser… Soyez « créactif·ve·s » ! Oui, j'adoooooore les néologismes.

Mon petit rat d'égoût

Aaaaaaaah, rien de tel que les petits surnoms que l'on aime attribuer à notre amoureux·se et dont l'utilisation marque le passage d'une amourette bateau à une relation tendre, complice et engagée. *Mon amour*, *mon ange*, *mon cœur*, *mon bébé*, *ma puce*, *mon trésor*, *bébé cœur*, *choubidou*, *mon lapin*, *mon chat*, *mon canard*, *mon renard*, *mon sucre d'orge*, *mon poussin*, *mon ours*. Ou encore les très fameux *chéri·e*, *doudou* et *loulou*.

Tous ces surnoms mignons et gnangnan au possible permettent au couple de s'identifier comme étant… un couple ; ils sont uniquement réservés aux partenaires, les surnoms excluent par conséquent de la relation toutes les autres personnes. C'est une façon de se reconnaître, de se rappeler une intimité commune. Certaines personnes sont pourtant anti-surnoms car elles les trouvent ridicules, infantilisants et réducteurs. Et elles ont en partie raison. Évidemment que notre partenaire n'est pas seulement notre chéri·e, notre trésor ou notre cœur, c'est aussi un cocktail de plein d'autres composantes qui font la complexité de chaque humain : c'est un·e gourmand·e qui mange trop de sucre, qui est de mauvaise foi, qui pète au lit, qui ne se brosse pas toujours les dents, qui râle un peu trop souvent. Quelqu'un qui est occasionnellement égoïste, qui a des problèmes de vue, qui parle trop de sa mère. Qui n'est jamais satisfait·e ou qui a peur du passé, du présent et du futur. Bref : quelqu'un de normal, quoi.

Mais alors pourquoi ne pas varier les plaisirs en attribuant à votre bien-aimé·e des surnoms plus qualifiants ou spécifiques que les démodés « mon bébé », « mon ourson » ou « mon chaton » ? Faites-vous confiance ! Lorsque vous êtes au supermarché, lors d'une promenade en forêt ou d'un dîner avec des potes, en public ou en privé, laissez-vous aller et lancez-lui un « ma demi-molle » bien placé ou un « ma grosse peau d'orange » juste au bon moment. Au détour d'une conversation, surnommez votre partenaire « mon petit presbyte », « ma grosse pince », « mon casse-couilles », « ma dépressive », « mon usine à gaz », « ma bassine à foutre », « mon haleine de poney » ou « mon gros-lard ». C'est beaucoup plus original, ça colle davantage à la réalité et ça dédramatisera même ses « défauts » en les rendant presque mignons. Votre partenaire pourra ainsi davantage s'accepter et en rigolera peut-être, à condition bien sûr que vous le fassiez sans aucune intention de le ou la blesser. J'ai confiance en vous.

Et si vous n'êtes toujours pas convaincu·e, alors vous pourrez toujours le ou la surnommer Cœurnichons, il ou elle va adorer… Et moi, ça me donnera l'impression d'être une petite mouche immiscée dans votre lit lorsque vous ferez des cochonneries. Et ça, franchement, *pouloulou,* ça m'excite.

Du piment sur l'oreiller

Toutes celles et tous ceux qui ont été en couple plus de cinq ou six jours savent pertinemment qu'avec le temps, le désir sexuel envers son ou sa partenaire risque de s'estomper. Et c'est normal, déjà parce que vous êtes moyennement attirant·e (désolé) et surtout parce qu'on peut naturellement se lasser d'un corps au fil des mois et des années. Se lasser d'une peau aussi douce soit-elle ou d'une bouche, même pulpeuse. D'un ventre plat ou non, de deux seins droits ou tombants et d'une paire de grosses châtaignes poilues ou imberbes. Oui, on a le droit de se lasser d'un minou chaleureux, cosy et accueillant comme un chalet à Avoriaz, ou d'un petit asticot qui bombe fièrement le torse lorsqu'il est content comme un roi. Mais pas de panique ! Le Docteur Cornicholove a la solution, comme à son habitude. Que feriez-vous sans moi ? Rien. Ou peut-être juste rien de bien.

Position latérale de sexualité

Quoi de plus ennuyeux qu'un couple qui ne tente pas de nouvelles expériences au fil du temps, qui n'explore pas les nombreuses possibilités apportant de nouvelles sensations ? Qu'attendez-vous donc pour varier les plaisirs ? Si vous avez pour habitude de ne pratiquer que deux ou trois positions dites « traditionnelles », alors pourquoi ne pas en proposer d'autres, plus originales, à votre partenaire ? Il faut oser, laissez le Dieu du *love* bouillonnant vous pénétrer. La levrette, O.K., c'est bien, ouais, très bien même, *oh oui, hmmm*, vas-y, prends-moi, gros cochon. Elle permet de regarder dans la même direction, d'accord, mais soyez un peu plus téméraires, pardi ! Il existe de nombreuses positions toutes très excitantes et parfois très acrobatiques. Testez le clou, la liane ou le crabe, par exemple. Et si vous tombez du lit, que vous avez des crampes ou que vous ne trouvez pas le trou, eh bien ce n'est pas très grave… Au contraire, vous en rigolerez sûrement et cela ne pourra que solidifier votre couple. Croyez-en mon expérience d'homme aventureux, maladroit mais optimiste, qui a tout tenté dans tous les sens et qui s'est cassé plus d'une fois le nez contre le sol ou contre les murs. Aux grands maux les grands remèdes. Soyez casse-cou au lieu d'être casse-couilles.

En apesanteur

Qui peut se targuer aujourd'hui d'avoir assouvi tous ses fantasmes ? Personne. Ou alors quelqu'un qui n'en a que très peu (rien de grave, mais tant pis pour lui). Les fantasmes sont une source inépuisable de désirs, de pensées et d'autres projections sexuelles. Dans l'ascenseur du bureau ou dans une cabine d'essayage, dans le train ou dans l'avion direction le septième ciel, dans un parking en journée ou dans un cimetière la nuit (on ne se juge pas, s'il vous plaît), à trois personnes ou à douze, dans la forêt sous le regard voyeur des oiseaux ou dans une piscine à la Loana et Jean-Édouard, soumission ou domination, exhibitionnisme ou échangisme, inconnu·e ou esclave sexuel·le (consenti·e, toujours, par pitié !), cougar ou minets, simples yeux bandés ou sadomasochisme, jeux de rôles et costumes en tout genre. BREF, vous l'aurez compris : la liste des fantasmes est longue, très longue, presque aussi longue que la queue à la Poste et que celle du postier. Oui, oui, je l'ai vue et elle vous passe le bonjour.

Alors pourquoi ne pas proposer à votre partenaire de vous aider à réaliser l'un ou plusieurs de vos fantasmes les plus tabous ? Demandez-lui gentiment, lors de confidences attentives sur l'oreiller, sans jamais le ou la faire culpabiliser s'il ou elle refuse. Dites-lui simplement que cela vous ferait plaisir d'essayer et écoutez également ses désirs. Peut-être même qu'il ou elle aura certains fantasmes identiques aux vôtres. Soyez patient·e et doux·ce. Mais ce qu'il faut surtout, c'est ne jamais tomber dans le jugement et arrêter d'être susceptible. Ce n'est pas parce qu'il ou elle veut un plan à trois que cela signifie qu'à deux, votre partenaire n'est pas satisfait·e. Ce n'est pas non plus parce que votre partenaire fantasme sur les infirmières ou pompiers qu'il ou elle vous quittera dès qu'il ou elle en rencontra. Non. La sexualité, c'est comme les fleurs : il y en a des milliers, toutes différentes et pourtant toutes semblables. Comparez donc votre relation à une rose car, tout comme elle, vous ne rêvez sans doute que d'une chose : vous faire butiner tous les jours pour en extraire le meilleur des miels. Celui du désir assouvi. *Ouahou*, c'est beau, ce que je dis ! Faudrait que je pense à écrire un livre...

Communique nique nique

Voici le dernier des conseils et pas des moindres (*the last but not the least* pour mes fans à l'international) qui vous aidera à faire durer votre couple. C'est peut-être la leçon la plus importante de toutes : apprendre à communiquer. Et ça ne suffit pas de « dire les choses » ; à quoi ça sert de parler si on nous entend mais qu'on ne nous écoute pas ? À quoi ça sert de voir si on ne regarde pas ? Et surtout, à quoi ça sert de baisser le son en voiture quand on ne trouve plus son chemin ? Avoue que tu le fais. Si. Ne mens pas à Tonton Cornicholove. Déjà que tu as joué les mythos en me disant que tu allais faire la vaisselle... Comme d'habituuude. Tu as quel argument pour répondre à ça ? Oui, d'accord, moi je laisse traîner mes chaussettes sales mais, au moins… Qu'est-ce que ma mère a à voir là-dedans ?! Tu ne l'aimes pas ? Au passage, je te signale quand même que j'ai bien remarqué la façon dont tu as maté le p'tit cul du facteur ce matin…

Vous trouvez qu'on s'est éloigné de la problématique ? C'est bien possible, ouais. Et c'est en partie ça, le problème, dans la communication au sein de certains couples. On change de sujet à tout-va dès que l'autre tient des propos qui nous agacent. On passe du coccyx à l'anus sans écouter notre partenaire et tenter d'assumer nos torts. Et ça peut faire mal au cul, ça. Car oui, nous avons TOUS·TES des torts (vous un peu plus que moi, on ne va pas se mentir). Alors pourquoi ne pas essayer de se poser autour d'une table sur laquelle seraient disposés des petits gâteaux qui font du bien au cœur pour se dire les choses cal-me-ment ? Pour expliquer à l'autre ce qui nous a peiné dans son attitude du jour ou dans le passé. La communication non violente est sans nul doute ce qui solidifiera le mieux votre couple. Ce sera le ciment qu'il faut de préférence étaler dès le début de la construction pour installer des bases solides, de la première brique à la dernière tuile sur le toit. Et je m'y connais, en maçonnerie : je suis portugais. Cette blague est presque aussi vieille que Line Renaud et Michel Drucker réunis.

Alors si, comme moi, vous avez tenté toutes ces techniques mais que vous êtes toujours célibataire, eh bien, recommencez jusqu'à ce que cela marche. Il faut continuer à y croire dur comme fer. En résumé : (commu)niquez beaucoup, (commu)niquez mieux… Et tout ira bien. Promis.

De tendres baisers sur vos tétons,

Le Dr Cornicholove

”

**Tu es
le plus parfait
des imparfaits,
au futur,
au présent
et à
l'imparfait.**

”

J'ai un mal fou à te rendre dingue de moi.

”

**Tes bras
sont si grands
qu'ils étouffent
tous mes chagrins
en m'enlaçant.**

”

Faisons du sale pour flatter notre amour-propre.

”

Nos corps se mangent sans fin.

”

Le consentement, c'est pas comme les antibiotiques : c'est automatique.

”

Tant qu'il y aura du *love*, je te ferai du sale.

”

On reconnaît le bruit au bonheur qu'il fait quand il jouit.

»

On ne récolte
pas toujours
les fruits
de sa passion.

TU DORS ici NATH ?
JE NE DORS JAMAIS AVEC MES PLANS CUL.

ON S'APPELLE SEMAINE PRO.

?
Bip
Bip
1 NOUVEAU MESSAGE
DE MON COEUR <3
Bip
Bip
Polina
Vichniakoff

”

Le célibataire endurci a le cœur aussi dur que sa bite.

”

**Quand on aime,
on ne conte pas…
On le prouve.**

”

Flatte mon cœur avant de fouetter mon cul.

"

**Cette nuit,
j'ai rêvé de toi.
Encore.
Qui t'a donc
permis de faire
de mes nuits
ton terrain
de jeu ?**

”

Tout est bien qui finit bien dans ta bouche.

”

Toutes les bonnes choses ont une fente.

”

Ils vécurent heureux et s'envoyèrent beaucoup de *nudes*.

La touche-touche finale

Chères lectrices et chers lecteurs, il est l'heure de vous annoncer une très mauvaise nouvelle : je suis sur le point de vous laisser vaquer aux occupations pourries qui ponctuent votre quotidien minable. Ô désespoir ! Comment réussir à survivre après cette TERRIBLE annonce qui vous a, sans nul doute, détruit·e·s de l'intérieur ?! Je ne sais pas, débrouillez-vous. Dans quelques instants, je ne serai sans doute plus qu'un souvenir, tendre comme un cœur, je l'espère, et auquel vous repenserez de temps à autres. Vous me rangerez dans votre bibliothèque, coincé entre deux auteurs ou autrices forcément moins bon·ne·s que moi, ou me cacherez sous votre matelas pour ne pas avoir à assumer auprès de vos proches que vous êtes de gros·ses pervers·es. Peut-être même que certain·e·s préféreront m'abandonner aux WC et me toucheront, de temps en temps, avec leurs mains pleines de bactéries, de caca et de pipi… Super pour moi qui ai toujours rêvé d'être à quelques centimètres de vos pubis sales et d'avoir le privilège de sentir vos odeurs corporelles…. D'autres encore choisiront de m'offrir à des ami·e·s coquin·e·s qui auront ainsi l'opportunité de découvrir l'écrivain le plus drôle et le plus sexy de la Terre. Les petit·e·s veinard·e·s. Vous penserez également à moi à chaque fois que vous mangerez des cornichons (désolé d'avance) et ressentirez instantanément une folle envie de faire l'amour à ce petit condiment acide, mignon et croquant… Ne me remerciez pas. Voici donc le tout dernier conseil de ce bouquin : ne lui résistez pas. Jamais.

L'enfant qui joue

J'aimerais vous confier – cette fois-ci, sans une once de sarcasme – que l'écriture de ce livre a été un bonheur sans nom. Une immense cour de récréation dans laquelle j'ai gambadé tel un bambin, mains entrelacées avec mes copains les mots et mes copines les phrases, exalté à l'idée de vous les présenter. Sautillant d'un paragraphe à l'autre avec plus ou moins de légèreté et plus ou moins de finesse, mais avec toujours beaucoup de joie. J'espère sincèrement que ces quelques pages (tantôt douces comme la peau de l'être aimé, tantôt amères comme son dernier baiser) vous auront fait passer un agréable moment. Ce livre n'est possiblement que le balbutiement d'une longue et intense aventure avec vous… Qui sait ? Si la vie est aussi clémente que mon zizi est dur. *Hihi*. Irrécupérable, je suis.

Je vous *vœux* du bien

Je tiens, par ailleurs, à vous souhaiter beaucoup, beaucoup, beaucoup, beaucoup, ça fait beaucoup, beaucoup, beaucoup, beaucoup, beaucoup d'amour. De rencontres exaltantes au coin d'une rue, au coin du feu, au coin d'un lit, au coin des lèvres. De plaisirs charnels et de jolies découvertes ; de votre propre corps d'abord, qu'il faut respecter comme vous le souhaitez, en faire ce que VOUS voulez, en le laissant intact et protégé de ce que peuvent bien penser les autres.

Envoyez foutre tous ces gros cons et toutes ces grosses connes qui vous diront que faire, que dire, comment vous habiller, comment vous tenir et surtout qui aimer. Et dites-leur qu'ils et elles auront affaire à un cornichon mal luné s'ils et elles s'obstinent à vous brimer (très dissuasif, hein ?).

Je vous souhaite également d'assouvir vos fantasmes les plus fous en étant bien entouré·e. De ne tomber que sur des êtres bienveillants ou de savoir quitter les personnes toxiques à temps. De trouver toujours en vous la force, la fougue, la confiance, la joie, le désir, la folie douce, la colère saine, la patience et la fantaisie. Et de vous aimer autant que vous pouvez aimer les autres. On le sait : se connaître et s'apprécier sont les deux clés du bonheur (ouais, O.K., on dirait le croisement chelou entre un philosophe bourré et une youtubeuse qui fait des tutos *make-up*).

Remerciements

Mes derniers mots s'adresseront à toutes celles et tous ceux qui me soutiennent depuis toujours dans mes espoirs, délires et songes et qui m'épaulent dans mes chagrins. Qui croient en moi et me le disent. Mes ami·e·s et ma famille qui ont le mérite de me supporter au quotidien tant je suis hypersensible, bavard et constamment dans le doute. Mes abonné·e·s avec qui on parle d'amour sans tabou et qui ont réussi, par miracle, à assumer leur physique malgré un patrimoine génétique pour le moins défavorisant (*I love you*). Mes amoureux·ses d'antan qui m'ont parfois brisé le cœur mais l'ont souvent rempli et grâce à qui j'ai des tas d'histoires à raconter. Les éditions Kiwi qui m'ont offert cette belle cour de récréation et qui réalisent ainsi l'un de mes nombreux rêves de môme. Sans oublier certain·e·s professeur·e·s qui n'ont eu de cesse de répéter qu'un jour j'allais écrire un livre (en ayant toutefois omis de préciser que j'y parlerais fellation, masturbation et sodomie, *lolilol*). Alors oui, on dirait que je viens de recevoir le prix Goncourt mais c'est mon livre et je fais ce que je veux *nananère*. Je suis un gamin et je le vis bien.

Voici le moment fatidique de vous quitter. Mon cœur se serre : d'aussi loin que je me souvienne, je n'ai jamais supporté les au revoir. Mais nous nous retrouverons. Prenez soin de vos pubis et à bientôt sur du papier ou sur la toile… tout habillé·e·s ou même à poil (on ne change pas).

Cournichons ou l'agité du bocal

Merci,

merci,

merci,

merci !

Dépôt légal : juin 2021

Achevé d'imprimer en France
en mai 2021 par La Nouvelle
Imprimerie Laballery.
N° d'impression : 105296

La Nouvelle Imprimerie
Laballery est titulaire
du label Imprim'Vert.